Avaliação

FUNDAÇÃO EDITORA DA UNESP

Presidente do Conselho Curador
Herman Voorwald

Diretor-Presidente
José Castilho Marques Neto

Editor-Executivo
Jézio Hernani Bomfim Gutierre

Assessor Editorial
Antonio Celso Ferreira

Conselho Editorial Acadêmico
Alberto Tsuyoshi Ikeda
Célia Aparecida Ferreira Tolentino
Eda Maria Góes
Elisabeth Criscuolo Urbinati
Ildeberto Muniz de Almeida
Luiz Gonzaga Marchezan
Nilson Ghirardello
Paulo César Corrêa Borges
Sérgio Vicente Motta
Vicente Pleitez

Editores-Assistentes
Anderson Nobara
Arlete Zebber
Christiane Gradvohl Colas

COORDENAÇÃO DA COLEÇÃO PARADIDÁTICOS

João Luís C. T. Ceccantini
Raquel Lazzari Leite Barbosa
Ernesta Zamboni
Raul Borges Guimarães

DENICE BARBARA CATANI
RITA DE CASSIA GALLEGO

Avaliação

1ª reimpressão

COLEÇÃO PARADIDÁTICOS
SÉRIE EDUCAÇÃO

© 2009 Editora UNESP

Direitos de publicação reservados à:
Fundação Editora da UNESP (FEU)
Praça da Sé, 108
01001-900 – São Paulo – SP
Tel.: (0xx11) 3242-7171
Fax: (0xx11) 3242-7172
www.editoraunesp.com.br
feu@editora.unesp.br

CIP-Brasil. Catalogação na fonte
Sindicato Nacional dos Editores de Livros, RJ

C356a

Catani, Denice Barbara
  Avaliação / Denice Barbara Catani, Rita de Cassia Gallego. – São Paulo: Editora UNESP, 2009.
  96p. – (Paradidáticos. Série Educação)

  Contém glossário
  ISBN 978-85-7139-956-3

  1. Avaliação educacional. 2. Aprendizagem – Avaliação. I. Gallego, Rita de Cassia. II. Título. III. Série.

09-4253.   CDD: 371.26
                                                                CDU: 37.091.26

EDITORA AFILIADA:

A COLEÇÃO PARADIDÁTICOS UNESP

A Coleção Paradidáticos foi delineada pela Editora UNESP com o objetivo de tornar acessíveis a um amplo público obras sobre *ciência* e *cultura*, produzidas por destacados pesquisadores do meio acadêmico brasileiro.

Os autores da Coleção aceitaram o desafio de tratar de conceitos e questões de grande complexidade presentes no debate científico e cultural de nosso tempo, valendo-se de abordagens rigorosas dos temas focalizados e, ao mesmo tempo, sempre buscando uma linguagem objetiva e despretensiosa.

Na parte final de cada volume, o leitor tem à sua disposição um *Glossário*, um conjunto de *Sugestões de leitura* e algumas *Questões para reflexão e debate*.

O *Glossário* não ambiciona a exaustividade nem pretende substituir o caminho pessoal que todo leitor arguto e criativo percorre, ao dirigir-se a dicionários, enciclopédias, *sites* da Internet e tantas outras fontes, no intuito de expandir os sentidos da leitura que se propõe. O tópico, na realidade, procura explicitar com maior detalhe aqueles conceitos, acepções e dados contextuais valorizados pelos próprios autores de cada obra.

As *Sugestões de leitura* apresentam-se como um complemento das notas bibliográficas disseminadas ao longo do texto, correspondendo a um convite, por parte dos autores, para que o leitor aprofunde cada vez mais seus conhecimentos sobre os temas tratados, segundo uma perspectiva seletiva do que há de mais relevante sobre um dado assunto.

As *Questões para reflexão e debate* pretendem provocar intelectualmente o leitor e auxiliá-lo no processo de avaliação da leitura realizada, na sistematização das informações absorvidas e na ampliação de seus horizontes. Isso, tanto para o contexto de leitura individual quanto para as situações de socialização da leitura, como aquelas realizadas no ambiente escolar.

A Coleção pretende, assim, criar condições propícias para a iniciação dos leitores em temas científicos e culturais significativos e para que tenham acesso irrestrito a conhecimentos socialmente relevantes e pertinentes, capazes de motivar as novas gerações para a pesquisa.

SUMÁRIO

INTRODUÇÃO   9

CAPÍTULO 1
Eu avalio, tu avalias... nós avaliamos... avaliação como
prática social e escolar   19

CAPÍTULO 2
A avaliação nas situações educacionais: conhecer, julgar,
classificar, hierarquizar, controlar   45

CAPÍTULO 3
Os processos de avaliação e alguns aspectos técnicos,
éticos e institucionais: quem é o melhor aluno, quem é o
melhor professor, qual é a melhor escola...   61

CAPÍTULO 4
Avalia-se para melhorar   72

GLOSSÁRIO   84
SUGESTÕES DE LEITURA   86
QUESTÕES PARA REFLEXÃO E DEBATE   94

Introdução

O tema da avaliação será tratado no livro a partir de uma dupla perspectiva: a do conjunto de significações individuais dos processos de classificações e exames aos quais os sujeitos são submetidos no decorrer da vida, e no domínio das experiências cotidianas, vinculadas ou não à escola e ao conjunto de significações sociais dos processos que buscam classificar, hierarquizar, verificar e calcular perdas e ganhos, aquisições e desempenhos, investimentos e retornos. Assim é que, nesse último caso, pensam-se processos de avaliação institucional e escolar, por exemplo. Tal opção não implica estabelecer uma fronteira rígida entre os dois conjuntos de significações, mas analisá-los de modo articulado levando em conta que:

- a avaliação é um processo que acompanha a vida dos sujeitos desde o nascimento até a morte;
- a avaliação adquire significações diferentes para os que avaliam e para os que são avaliados e isto tece um emaranhado de efeitos sobre os quais há que se refletir;
- há contextos diferenciados de avaliação (institucional, aprendizagem, do desempenho profissional etc.);

- há suposições muito diferentes envolvidas nos processos de avaliação: avalia-se para classificar, para dignosticar, para premiar, avalia-se para saber como melhorar, por exemplo;
- a avaliação ganhou muito destaque nas sociedades contemporâneas dada a grande complexidade das situações vividas pelos sujeitos e a complexidade das formas de organização institucional;
- a avaliação constitui, hoje, uma questão técnica que é objeto de estudos específicos no campo educacional.

Aspectos como os referidos deverão ser objeto de apresentação no texto que buscará cruzar incessantemente os espaços individuais e sociais de produção de formas e sentidos para o problema da avaliação. Será dada ênfase sobre a avaliação ligada à instituição escolar uma vez que o público jovem (ao qual a série se destina) a tem como preocupação central. Igualmente haverá o cuidado de situar referências ao problema no Brasil contemporâneo.

A palavra *avaliação* é usada nas várias situações cotidianas. Avaliam-se possibilidades, condições, coisas, atributos, preços, enfim quase tudo é avaliável, no sentido de que podemos conferir valores e com isso dirigir nossas ações, escolhas, preferências etc. Na situação escolar, o ato de avaliar está comumente identificado com dar ou receber notas, fazer provas, exames ou passar de ano. Essa perspectiva de avaliação ligada a provas e exames tem sofrido inúmeras críticas desde meados dos anos 70 e 80 do século XX, mas só na década de 1990 nota-se uma mobilização mais ampla por parte dos educadores em decorrência, especialmente, das disposições legais que tentam romper com alguns paradigmas presentes há anos na cultura escolar. Procura-se instaurar um processo de avaliação formativa, isto é, uma avaliação comprometida com a aprendizagem dos alunos, que visa à formação e não à classificação, amplamente defendida por especialistas da área.

AVALIAÇÃO

Hoje, recomenda-se que tudo na escola seja avaliado de modo contínuo e formal, ou seja, previsto como atividade programada com a utilização de instrumentos elaborados para este fim, já que, como será mostrado, informalmente todos avaliam e são avaliados o tempo todo. Entre as medidas tomadas, imprimiu-se na última década uma lógica de avaliação pouco comum, até então, no Brasil: a avaliação de alunos, professores, gestores, coordenadores, instituições de todos os níveis de ensino com base em instrumentos homogêneos cuja pretensão explícita é reunir dados gerais acerca da educação e melhorar a qualidade do ensino. Nesse aspecto, o Brasil tem seguido uma tendência comum a outros países de todo o mundo, no qual parece ter se instaurado uma espécie de necessidade incontornável de saber/medir e mostrar os resultados dos investimentos financeiros.

Os educadores e a própria sociedade viram-se diante de novos modos de avaliar. Possivelmente em virtude disso, entre os temas discutidos pela sociedade e de forma especial pelas diferentes mídias, a avaliação tem ocupado um espaço privilegiado. Divulgam-se resultados dos exames realizados pelos alunos de diferentes níveis de ensino e, ao mesmo tempo, quase sempre se denuncia a má qualidade da educação, explora-se o *ranking* das melhores instituições, debate-se sobre índices de reprovação, aprovação, Progressão Continuada (modo de organização escolar que rompe com a estrutura da seriação e extingue a reprovação anual dos alunos) etc. Tudo isso tem como aspecto mais visivelmente positivo, o de mostrar para a sociedade a questão dos resultados educacionais.

No âmbito educacional, uma importância impar é dada ao ato de avaliar, mas pelo fato de essa palavra ser vulgarmente utilizada tanto nas diferentes situações sociais quanto no cotidiano escolar, nem sempre se observam os sentidos que ela pode assumir. É comum tratar da avaliação como se ela tivesse o mesmo sentido para todos os envolvidos. Na verdade, para cada pessoa que integra o processo de avaliação este ganha sentidos diferentes.

Talvez todas as pessoas escolarizadas ou que passaram por alguma forma de escolarização tenham a medida do que sejam as práticas de avaliação ao relembrarem as situações escolares nas quais precisaram demonstrar o que sabiam. Situações de provas, exames, concursos etc., em que a maioria das pessoas aprende a identificar o desconforto de sentirem-se "examinadas" ou "provadas". Há variados relatos dessas situações na literatura, nos livros de memórias, nas autobiografias e grande número deles enfatiza aspectos de constrangimento, nervosismo e aflição. Do ponto de vista dos alunos, também, nem sempre, as práticas de avaliação servem para aquilo que alguns estudiosos consideram a sua principal função: a de diagnosticar ou constatar o nível de aprendizado que se atingiu e a de indicar onde é possível ou necessário melhorar.

É possível que a história das práticas da vida escolar ou a história do que acontece nas escolas encontre na avaliação e nas lembranças que ela suscita entre aqueles que passaram pela instituição, relatos exemplares daquilo que não deveria acontecer. Frequentemente associadas às notas (por vezes, confundidas com as avaliações sobre a própria pessoa – "você é bom", "você é regular", "você é péssimo") e até mesmo vinculadas aos padrões disciplinares (expressos, por exemplo, pelos "pontos negativos" e "pontos positivos" de complexo e variado merecimento), as práticas que buscam saber dos resultados de aprendizagem dos alunos podem ter efeitos insuspeitos e colaborarem para o desenvolvimento de disposições férteis ou estéreis para com áreas de conhecimento e disciplinas. Para os alunos, gostar ou não gostar de uma dada matéria pode ligar-se a vários fatores, inclusive, às relações de êxito ou fracasso anteriores, às "boas ou

AVALIAÇÃO

más" notas obtidas e o modo pelo qual isso se apresenta na experiência de vida escolar.

É comum que, do lado dos professores, haja um grande interesse em aprender *"como avaliar"*. Essa questão, por vezes, parece até mesmo mais importante do que saber *o que*, *por que* e *para que* avaliar. Há nas práticas docentes uma associação frequente e direta entre avaliar e dar nota ou "fechar médias". Está certo que a própria organização e o funcionamento escolar favorecem isto porque, de fato, solicita-se que os professores deem provas, atribuam notas, fechem médias e aloquem os alunos nas diferentes séries, de acordo com o nível em que se encontram, mas... certamente, as práticas de avaliação no interior da escola não se restringem àquelas que geram notas.

Há um modo de se entender as questões de educação e de ensino que, ao privilegiar a formação como lento processo de incorporar e reconfigurar as relações com o conhecimento e com a realidade, dá pouco espaço à ideia de que se possa saber, prontamente, e sempre, os resultados daquilo que se ensina. Os efeitos mais significativos dos processos educacionais seriam, assim, aqueles que não se prestam a serem exaustivamente avaliados durante ou ao final dos períodos formais de ensino. Sem dúvida, a ideia que alicerça as esperanças mais fortes numa educação capaz de cumprir um papel estruturante das melhores possibilidades das pessoas, ao utilizar das experiências de formação para permitir uma real aproximação dos sujeitos com a realidade, a vida social, a solidariedade e a busca de formas mais dignas para a existência humana, nem sempre fica clara e presente no dia a dia da vida escolar onde, de todos os modos, é preciso assegurar a aquisição de habilidades básicas como ler, escrever, contar, compreender as linguagens das variadas disciplinas científicas e outras tantas tarefas, sem dúvida, vitais. O afastamento aparente dessas atividades e seus resultados a serem obtidos em períodos determinados de tempo e a lenta acomodação de nossas experiências de formação, parece insinuar que se tratam de esferas independentes. Talvez tal fato se ligue apenas e tão somente à maneira como as escolas têm desenvolvido práticas de trabalho que operam, para tornar possível o ensino nas condições contemporâneas com muitos alunos por classe, pouco tempo para o aprendizado, um professor para um grande grupo e a necessidade de treinar para certas situações de êxito, como o vestibular, por exemplo, voltadas para resultados objetivos e, de algum modo, mensuráveis. Nesse quadro fica difícil reconhecer e privilegiar os efeitos das relações pessoais entre professores e alunos na geração de disposições férteis para com o conhecimento, na aquisição da vontade efetiva de saber, de buscar novas informações e interpretações ou no desenvolvimento de disposições imprescindíveis para a ação criativa e solidária no mundo social.

E nesse mesmo quadro, o trabalho dos professores parece ganhar mais sentido quando voltado para as esferas mais visíveis dos resultados "concretos" e "observáveis" que podem ser mostrados pelos alunos e aos quais se podem atribuir valores ou notas. Mas, há um conjunto de práticas e efeitos de avaliação que vão acontecendo na vida escolar e que dizem respeito à maneira como se dão as relações no interior da escola, entre professores e alunos e entre alunos e alunos. São aquelas formas de avaliações mais gerais, próprias de todas as situações sociais e que visam a situar os sujeitos em lugares previamente dados por suas origens socioeconômicas, por seus hábitos e comportamentos e por seus desempenhos, em geral. Decerto, tudo isso forma uma mescla variada de efeitos que também afetam a maneira pela qual se diz que alguém "vai bem" ou "vai mal" na escola. E muitos especialistas já mostraram que, nesses embates da vida escolar, as crianças pobres, de modo geral, são as que mais sofrem porque não apresentam os desempenhos esperados.

Desde há muito, um dos grandes desafios a serem enfrentados no processo de democratização da educação consiste no debate sobre as formas de avaliar, já que estas podem se constituir num dos mecanismos legitimadores não só o sucesso, mas também do fracasso escolar tendo, muitas vezes, o poder de conformar e direcionar o "destino" dos alunos, conforme evidenciam estudos realizados nessa área. Por essas e outras razões é que refletir sobre avaliação não pode se limitar aos aspectos técnicos (ao "como fazer"), mas exige a consideração das dimensões éticas e políticas.

Desse modo, compreender o problema da avaliação significa considerar várias dimensões dos processos educacionais. Ao se constatar a insatisfação com o sistema de educação, tanto no setor público quanto no privado, torna-se necessário refletir acerca de algumas práticas enraizadas na cultura escolar, entre elas as práticas da avaliação e especialmente os sentidos assumidos pelas mesmas no interior e exterior da escola ao longo dos últimos anos. Assim, é preciso uma análise que contemple tanto o âmbito institucional quanto o âmbito das relações entre professores e alunos, alunos e alunos, alunos e pais, escolas e pais, escolas e Estado. Ao nos dedicarmos à referida análise, convém compreender ainda as diferentes configurações da avaliação num contexto mais amplo que o escolar e, desse modo, realizar um exame não só da avaliação da aprendizagem, mas das chamadas avaliações externas (especialmente as provas gerais a que são submetidos os estudantes dos diferentes níveis de ensino) e das propostas de avaliação das instituições escolares.

Quando se examinam as produções sobre essa temática durante, pelo menos, os últimos vinte anos, nota-se que essas são voltadas, em grande parte, para os problemas e as práticas do Ensino Fundamental ou o antigo 1º grau e de modo particular para as séries iniciais. As análises tratam da avaliação em diferentes perspectivas como as da Psicologia, da Sociologia, da Filosofia, da Política, da Economia, da Pedagogia. Investigam especificamente a questão ideológica, a produção dos fracassos escolares, a avaliação como instrumento de poder, as relações entre professores e alunos, a avaliação na sala de aula, a avaliação da escola, as avaliações externas etc. Embora sejam contemplados variados aspectos, os estudos são mais abundantes no domínio da avaliação da aprendizagem e da questão das implicações ideológicas da mesma. Em sua maioria, problematizam as práticas de avaliação realizadas na escola, fazem o exame do trinômio aluno, professor e conhecimento e insistem na importância de se atentar para coerência entre a avaliação e os objetivos e a metodologia de ensino, priorizando, assim, a análise dos fatores mais objetivos. Embora seja imprescindível realizar tal análise, mostra-se cada vez mais imperioso refletir igualmente sobre as articulações entre os resultados obtidos nas avaliações formais – feitas em situações planejadas para esse fim – e as condições culturais e socioeconômicas dos estudantes, ou seja, acerca dos fatores intra e extraescolares que se integram e influenciam nos resultados da avaliação. A compreensão de tais fatores é, sem dúvida, decisiva para nortear práticas produtivas de verificação da aprendizagem dos alunos e da construção de categorias para avaliá-los.

Já se mostrou que, muitas vezes, diante dos resultados das avaliações escolares diferentes movimentos de responsabilização podem ocorrer. Ora se atribui a responsabilidade aos próprios alunos, e questões como interesse, motivação, esforço, inteligência, habilidades, aptidões podem ser invocadas. Ora se considera que os professores podem estar faltando em sua capacidade e função de fazer os alunos aprenderem. Diz-se também, em algumas circunstâncias, que os pais são responsáveis quando não oferecem apoio

AVALIAÇÃO

e acompanhamento aos filhos para que estudem e deem conta de aprender. O reconhecimento dessas várias alternativas acena para a complexidade das questões envolvidas pelas práticas escolares de avaliação e para a necessidade de compreendê-las de maneira integrada.

1 Eu avalio, tu avalias... nós avaliamos... avaliação como prática social e escolar

Este capítulo tem por objetivo situar a avaliação como prática social e como prática escolar e distinguir contextos nos quais se avalia e formas pelas quais isso se faz, explorando os sentidos atribuídos pelos sujeitos e pelas sociedades a essas práticas.

Embora o ato de avaliar consista numa ação corriqueira e espontânea realizada por qualquer indivíduo acerca de qualquer atividade humana sendo, assim, natural, instintiva e assistemática, pouco se reflete sobre o sentido desta palavra. Avaliar essencialmente significa atribuir valor a, emitir juízos de valor (Machado, 2000). Desde muito cedo as crianças desenvolvem capacidades de avaliação ao compararem objetos, pessoas e situações e ao estabelecerem suas preferências, com base nas finalidades que percebem e valorizam. Aprenderão, no decorrer de seus contatos sociais, a identificar qualidades e associá-las a maneiras de classificar as pessoas, aprenderão na prática, justamente práticas de avaliar. Quase sempre esse tipo básico de aprendizado social, sabemos todos, garante às pessoas formas de se reconhecerem, reconhecerem aos outros e se orientarem nas relações sociais. As práticas educativas, na vida familiar ou escolar prosseguirão orientando os sujeitos para a vida social na estrita dependência das características de comportamento próprios da classe socioeconômica a que se pertence. Assim é que formas específicas de avaliação e classificação associam-se a posições ocupadas pelos sujeitos no espaço social e funcionam como sistemas de classificação que organizam as percepções e apreciações e estruturam a prática, para usar as palavras de Pierre Bourdieu, um dos principais sociólogos do século XX que, em muitos dos seus trabalhos explicou o papel das avaliações como práticas da vida social, em diferentes instâncias. Explicou também, como os professores constroem seu "juízo professoral", isto é, sua capacidade de julgar e avaliar os alunos, com base em seus esquemas mais amplos de entendimento e classificação do mundo social.

No âmbito da aprendizagem, o significado da palavra *avaliar* tem delimitações específicas, pois, quase sempre, trata-se de saber se a ação educativa resultou nas modificações desejadas no comportamento, ideias, valores e crenças das pessoas (Davis, Grosbaum, 2002, p.105). A ilusão de que a avaliação pode ocorrer pautando-se em critérios absolutamente objetivos e neutros, durante muito tempo teve grande força. Mas, ao se identificar o ato de avaliar com o juízo de valor evidencia-se que toda avaliação toma por referência um padrão, o qual representa um valor vigente e articula-se à questão cultural (Raphael, 2002, p.160). A crença na objetividade do ato de avaliar faz com que haja um esforço de elaborar instrumentos precisos do ponto de vista metodológico. Considerado nessa perspectiva, o ato de avaliar é uma ação que não admite neutralidade e ultrapassa as descrições objetivas e as análises de coerência interna da realidade tomada por objeto. Consiste num processo pautado em valores e significados sociais, e assim, com acentuado conteúdo ético (Dias Sobrinho, 1996).

AVALIAÇÃO

As avaliações *informais* no cotidiano escolar: todos avaliam e são avaliados

Independentemente das exigências legais e administrativas, as quais instauram a necessidade de avaliações constantes, não só dos alunos, como também dos professores, dos diretores, das escolas, de seus projetos... No cotidiano escolar todos avaliam e são avaliados. Há um circuito de avaliação que ocorre entre todos os que integram a escola. São as avaliações minuciosas que se operam no cotidiano escolar e que implicam em denominações entre os colegas, apelidos que acabam por destacar traços mais marcantes etc. Nota-se uma série de características tidas como motivos de discriminações: maneiras de falar, de se vestir etc.

Os funcionários da limpeza e da merenda, por exemplo, expressam suas opiniões acerca da direção, da coordenação, dos professores, dos alunos e, não raramente, comparam o comportamento dos alunos, dos diferentes professores e das diferentes séries. A direção e a coordenação também avaliam de forma constante a atuação dos professores e de seus alunos, geralmente, atentam à pontualidade dos professores, sua frequência, sua participação nos projetos da escola, o modo como se relacionam com os colegas e com os alunos etc.

Atualmente, é bastante comum, em especial na Educação Infantil e no Ensino Fundamental, solicitar que os pais preencham questionários com questões referentes à escola, à direção, aos professores, ao ensino, entre outras, de modo a expressarem suas opiniões acerca desses aspectos. Embora os instrumentos formais de avaliação estejam cada vez mais presentes no interior da escola, independentemente das solicitações formais, os pais, em geral, formulam opiniões acerca da escola, dos professores, do desempenho dos filhos etc.

Os professores igualmente emitem julgamentos constantes sobre os alunos, a instituição, seu trabalho e dos colegas. Esses se avaliam e avaliam seus colegas de trabalho (condição financeira, habilitação, idade, envolvimento nos projetos da escola, participação nas reuniões, o sucesso das ações planejadas, a atuação da coordenação, direção, supervisão, funcionários, participação dos pais, sistema de ensino etc.). Quando solicitados expõem seus limites, impasses, desejos, desafios, atuação e êxitos.

No que diz respeito aos alunos, os professores desenvolvem algumas categorias que acabam por funcionar como referenciais para identificar "bons" e "maus" alunos. Os alunos são avaliados quanto à disciplina, comprometimento, apoio familiar, dedicação aos estudos e à escola, vontade de aprender, cumprimento das obrigações, lugar que ocupa no interior da sala de aula, modo de se vestir, forma física e comportamento social, entre outros componentes. Além disso, ganham expressão a presença ou não de originalidade, reflexão crítica acerca dos conteúdos, por exemplo.

Entre os aspectos valorizados pelos professores, ressalta-se o envolvimento das famílias dos alunos na realização dos trabalhos e participação nas atividades da escola, como é o caso de reuniões de pais e mestres. A ausência ou presença esporádica nessas situações faz com que, genericamente, se atribuam rótulos às famílias, é comum a referência às famílias "desestruturadas" (fórmula genérica usada para afirmar que há problemas na casa da criança) e a identificação disto como causa para eventuais dificuldades de aprendizagem dos alunos. Contribuições muito significativas para que se compreenda como se dá a interpretação do fracasso das crianças pobres e dos vários dispositivos que são acionados ou criados para tanto tem sido dadas por estudiosos brasileiros.

Maria Helena Patto, no rigoroso estudo intitulado *A produção do fracasso escolar* (1990), demonstra bem o funcio-

AVALIAÇÃO

namento teórico e prático das categorias de avaliação que são destinadas a "explicar" as dificuldades de aprendizagem. Examinando as raízes dos discursos pedagógicos e psicológicos acerca da questão, a autora identifica, com rara argúcia, a colaboração de conceitos e práticas que se entrecruzam na vida e cultura escolar originando proposições que, em muito, agravam a situação dos sujeitos que têm dificuldades para aprender, fazem-no mais lentamente ou aprenderiam bem por outros métodos que não os utilizados pelos professores que os reprovam. Embora, de um ponto de vista empírico, a pesquisa esteja nucleada na escola pública de 1º grau (como era chamado o Ensino Fundamental à época) os investimentos teóricos e analíticos que percorrem a construção do estudo trazem elementos que esclarecem o quadro das questões de avaliação, nos diversos níveis de ensino.

Um aspecto fundamental das avaliações que são feitas no interior da escola talvez seja o de que elas levam em conta muito mais do que dizem que levam. Bourdieu e Passeron (*A reprodução*, obra publicada originalmente em 1970) mostram de forma exaustiva a presença dos fundamentos sociais nas construções do pensamento e das práticas pedagógicas. A admissão desse fato e a compreensão dos modos pelos quais se articulam os "juízos professorais" bem como a maneira de traduzir tais juízos em avaliações deveriam, então, ser objeto de estudo de disciplinas que, na formação de professores, contribuiriam para, de algum modo, modificar o cenário no qual as crianças/alunos são submetidos a classificações. Esse conhecimento, certamente, serviria para que se compreendesse como os professores constróem o seu pensamento na própria ação pedagógica.

Se começamos por dizer que, informalmente, todos são avaliados na escola e se lembrarmos que, por vezes, esse modo informal de classificar tem tanta importância quanto os modos formais ou mescla-se a estes para produzir uma opinião sobre o outro, devemos também lembrar que os alunos produzem avaliações sobre os professores e informalmente, com frequência, associam características pessoais, como responsabilidade, paciência, dedicação, empenho etc., a competências "técnicas", como o conhecimento ou a atualização.

Certamente, o nível do ensino e, de modo particular, a idade dos alunos, conduzem à ênfase em certas características mais do que em outras. Segundo Morales (2003), os menores fixam-se mais nos aspectos físicos de seus professores e até mesmo no modo como se vestem e no que se refere às habilidades didáticas, quase sempre, se limitam a dizer que os bons professores ensinam bem. Os alunos um pouco maiores, por volta dos doze anos, embora não desconsiderem as características físicas, indicam mais as habilidades propriamente didáticas considerando que os bons professores mantêm a classe em ordem, empenham-se para que todos os alunos sejam iguais e atendem às necessidades de cada um. Já os maiores expressam, de maneira, clara que os bons professores estão bem preparados, são dedicados à profissão, preocupam-se com os alunos, estimulam-nos a estudar e buscam objetivos a longo prazo etc. (Morales, 2003, p.32-33). Deve-se também destacar que como os alunos maiores têm muitos professores ao mesmo tempo, tomam contato com diferentes personalidades, modos de ensinar e de se relacionar, sendo para eles mais visíveis essas diferenças.

Nas rememorações sobre a vida escolar, tanto de alunos e professores quando se pedem para que reflitam e escrevam sobre seus percursos de formação, quanto nos textos literários e autobiográficos que fazem menção a essas etapas da vida dos sujeitos, é comum encontrar extensas referências aos professores e dá-se grande ênfase justamente às relações destes com os alunos, relações com o conhecimento, a cultura e a disciplina que ensinam. Talvez a referência mais

AVALIAÇÃO

explícita a esse sentido da presença de diversos professores na vida dos alunos seja feita por Elias Canetti, em texto não didático que tem sido utilizado nos processos de formação de professores desde o final da década de 1980, quando de sua tradução entre nós. Em *A língua absolvida* (primeiro volume de sua autobiografia) o autor faz uma análise demorada das figuras de seus professores, na obra em que relata seus primeiros dezoito anos de vida. Diz-nos, então, ao lembrar de seus mestres:

> A multiplicidade dos professores era surpreendente; é a primeira diversidade de que se é consciente na vida. Que eles ficassem por tanto tempo parados à nossa frente, expostos em cada um de seus movimentos, sob incessante observação, hora após hora o verdadeiro objeto de nosso interesse, sem poderem se afastar durante um tempo precisamente delimitado; a sua superioridade, que não queremos reconhecer de uma vez por todas e que nos torna perspicazes, críticos e maliciosos; a necessidade de acompanhá-los sem que queiramos nos esforçar demais, pois ainda não nos tornamos trabalhadores dedicados e exclusivos (...) e mais ainda, a alternância dos personagens, um após outro, no mesmo papel, no mesmo lugar e com a mesma intenção, portanto eminentemente comparáveis – tudo isso, em seu efeito conjunto, é outra escola, bem diferente da escola formal, uma que ensina a diversidade dos seres humanos, se a tomarmos um pouco a sério, resulta a primeira escola em que conscientemente estudamos o homem (1987, p.174).

Noutras passagens de sua autobiografia Canetti indica elementos preciosos sobre como os alunos avaliam seus professores e decerto suas observações podem constituir parte de reflexões sobre a formação para os profissionais da área. Outras rememorações da vida escolar também dão conta dos modos pelos quais os alunos aprendem a lidar com as avaliações, no cotidiano da vida escolar, principalmente a partir da adolescência chegam a desenvolver uma rede de troca de informações sobre as características dos professores.

J. B. Pontalis (coautor do conhecido *Vocabulário de psicanálise*) também faz referências singulares ao modo como viveu e rememora as suas relações com os professores, aos quais dedicava arguta e constante observação:

> Nossos professores eram numerosos. Guardei na memória todos os seus nomes, e não seria preciso esforçar-me muito para relacioná-los aqui. Seu prestígio a meus olhos foi desigual e nem todos foram objeto de amor, mas que importa! O que era preciso é que eles fossem mais de um. Todo ano, seis ou sete, e todo ano (às vezes com uma única exceção, o que não nos agradava nada) renovados. Ou seja, em sete anos de colégio, umas quarenta cabeças, vozes, centenas de tiques verbais e gestuais, uma gama infinita de entonações, um leque de sotaques segundo a terra natal. Deste modo, não estávamos entregues à fala de um só, e não corríamos o risco de sermos modelados, inteiramente fabricado por eles. É preciso insistir sempre no efeito feliz das identificações múltiplas... (1988, p.24-25).

Geralmente, alunos de determinado professor ao saberem que outro grupo terá aulas com esse indicam-lhe suas principais características: modo de ser, se é exigente ou não, se domina ou não o conteúdo, se explica bem, se é chato, se é legal. Não é incomum o aluno já "se preparar" para ter aula com determinado professor, temer o semestre em que tal professor dá aula, sentir-se aliviado pelo fato de o professor se aposentar e, então, "escapar" da tortura... Um aspecto sempre socializado entre os alunos de um ano para outro ou quando travam conversas sobre os futuros professores diz respeito ao modo como esses avaliam, a dificuldade das provas que elabora, o modo de corrigi-las etc.

Para alguns estudiosos da área educacional (Bohoslavsky, 1981, por exemplo) esse modo de responder às exigências dos professores diz muito sobre o fato de que os alunos aprendem além das informações, saberes e operações, certo padrão de relações com os conhecimentos que varia de acordo com os professores, mas que é fundamental, por exemplo, tanto na forma de ensinar quanto na de avaliar. É como se fosse preciso apreender esses padrões de relação com os conhecimentos para reproduzi-los de modo adequado. Nesse sentido, a reflexão dos professores sobre o seu próprio estilo de ensinar, as suas relações com os saberes, o privilégio que confere a informações ou explicações e as maneiras como concebe o ensino constituem um significativo ponto de partida para a melhoria da sua atuação.

As práticas de avaliação e a cultura escolar

Embora em todos os níveis de ensino o ato de avaliar assuma contornos de classificação, hierarquização e controle, o que será examinado no capítulo 2, quando se trata da avaliação da aprendizagem realizada formalmente, esta tem características peculiares em cada nível de ensino. Ao longo da escolarização há um aumento gradativo da exigência e da complexidade dos instrumentos de avaliação. Na Educação Infantil (zero a cinco anos) é cada vez mais difundida a necessidade de se avaliar as crianças por meio de observações sistemáticas que se traduzem em fichas de acompanhamento que devem versar sobre o desenvolvimento e a rotina dos alunos, resultando em informações a serem socializadas com os pais.[1] Nos primeiros anos do Ensino Fundamental, geralmente já são integradas atividades mais formais para se avaliar os alunos: enquanto nos dois primeiros anos, quase sempre, há um número menor de provas por se alegar que as crianças estão sendo alfabetizadas, nos demais, quando supostamente já dominam as habilidades de leitura e escri-

---

1 É bom lembrar que a Lei nº 11274/2006 constituiu o Ensino Fundamental com duração de nove anos, que deve atender crianças entre 6 e 14 anos. Estados e municípios têm até 2010 para matricular todas as crianças de seis anos. Ainda que nem todos já tenham atendido tal prazo, vamos nos referir aqui ao Ensino Fundamental de nove anos.

ta, procura-se aumentar a fragmentação entre as disciplinas e a quantidade de provas numa tentativa de "preparar" as crianças para o sexto ano do Ensino Fundamental (em tese, a partir dos 11 anos), mesmo alegando-se a existência de outros instrumentos de avaliação (observações, atividades realizadas em classe, em casa, individuais e em grupos). A transição para os quatro últimos anos do Ensino Fundamental, inúmeras vezes, é vivida como difícil pelos alunos, pois o aumento do número de professores, de disciplinas e de provas, bem como a redistribuição dos tempos de aulas exigem uma adaptação rápida e o desenvolvimento de capacidades que, até então, não eram necessárias. Em alguns casos, observa-se uma parcela significativa de crianças que tendo sobrevivido com êxito aos processos de avaliação, apresenta dificuldades consideráveis na a partir do $6^{\underline{o}}$ ano (antiga 5ª série) –, no Ensino Fundamental de 9 anos – algumas delas associadas às referidas alterações.

No Ensino Médio, é comum a mobilização de professores e alunos em torno das provas dos vestibulares. Na maioria das vezes, tenta-se cumprir os conteúdos previstos para que os alunos não sejam prejudicados nas provas futuras, inclusive no Exame Nacional do Ensino Médio (ENEM). Essas exigências quase sempre acabam impossibilitando uma maior reflexão acerca dos saberes escolares e o processo de aprendizagem.

Como se percebe, em maior ou menor proporção, em todos os níveis os alunos são avaliados por meio de provas e exames. Por muitos anos e ainda hoje em algumas escolas o ato de avaliar restringe-se à utilização de tais instrumentos. Embora essa prática seja associada à avaliação da aprendizagem, para estudiosos da área, como Luckesi (2003), constitui verificação da aprendizagem e não avaliação. Isso porque as provas e os exames têm por objetivo verificar o nível de desempenho dos educandos em certos conteúdos e

AVALIAÇÃO

classificá-los mediante o uso de notas de zero a dez ou conceitos denominados A, B, C, D e E, quase sempre associados a um intervalo numérico, ou indicações como superior, inferior, sem-rendimento, muito satisfatório, satisfatório, pouco satisfatório. Muitas vezes, a tradução do que os alunos sabem ou são capazes, em valores numéricos fracionados, gera uma espécie de bizarra preocupação com pontos e décimos de notas. Sempre se poderia perguntar se notas atribuídas assim correspondem, de fato, ao que os alunos sabem ou àquilo que pode ser considerado efeito significativo da aprendizagem. Evidentemente, a relação entre as notas e o que importa, em termos de aquisições educacionais, deve sempre ser, no mínimo, objeto de discussão.

Para compreender um pouco melhor como se institui a "cultura das provas e dos exames" no interior da escola, considera-se relevante retomar o contexto em que se organizou em vários países ocidentais a escola de massas – fim do século de XIX e primeiras décadas do século XX. No Brasil e, de modo particular em São Paulo, também se esboçava nesse período a constituição do sistema de ensino primário, do qual os grupos escolares criados em 1893 viriam a ser parte importante.[2] Os exames (como eram chamadas as provas) assumiram um papel central na organização e funcionamento desse modelo de escola. Até então, as crianças tinham aulas em casas muitas vezes alugadas pelos próprios professores, ou em suas próprias casas, e eram reunidas em um único espaço, independentemente do nível de conhecimento, sendo "testadas" somente no fim do ano por autoridades do ensino. Com a instituição dos grupos escolares, as crianças passam a ser organizadas em classes, que se desejavam homogêneas, depois de verificado seu "grau de

---

2 Entre outras coisas, os grupos escolares instituem a seriação e, assim, a relação entre idade, série e conhecimento.

adiantamento" nos estudos. A partir daí, os exames integram cada vez mais intensamente a cultura escolar, instalando-se uma lógica de aprovação daqueles que "acompanhavam" a classe e a reprovação daqueles que não "acompanhavam", atestada, em geral, pelos exames.

Há um pequeno trecho extraído do relatório do inspetor escolar José Monteiro Bôanova, datado de 1899, bastante ilustrativo para evidenciar o caráter histórico dos elementos da cultura escolar, entre eles a avaliação. Neste, o inspetor retoma a descrição feita por um jornal da época de um dia de exame, que ocorria nos meses de novembro e dezembro, até 1915, nas escolas públicas primárias:

> [...] Com toda solenidade e magnificência principiaram a 24, os exames anuais das aulas públicas da cidade no Paço Municipal. Às 11 horas da manhã daquele dia deu entrada no salão do júri, que estava caprichosamente ornamentado, o numeroso préstito infantil composto de alunos e alunas das diversas escolas públicas. As meninas vestidas de branco, ostentando distintivos das escolas a que pertenciam, garbosamente, entraram no salão entoando um belíssimo hino escolar que produziu um entusiasmo indiscutível. O grande concurso popular que assistia aquela interessante festa de ensino acolheu-as com frenéticos aplausos em prolongada salva de palmas (Arquivo do Estado, manuscritos, Ordem 4971 apud Gallego, 2002, p.71).

Outro relato de professora dá conta, entre o final do século XIX e o início do século XX, da solenidade dos exames e do quanto a escola aparecia como a grande promessa do projeto republicano brasileiro. Conta Hermengarda (no livro *O calvário de uma professora*, 1928, publicado sob o pseudônimo de Dora Lice, por Violeta Leme):

> Os dois anos de escola isolada foram o melhor tempo da minha vida como professora. Foi um trabalho suave. Não tinha tantos e tão exigentes chefes! Eu mesma dirigia a minha escola e o resultado

AVALIAÇÃO

final era sempre satisfatório. Os exames eram apertadíssimos. Para cada disciplina, um examinador, escolhido entre as pessoas gradas do lugar. Advogados, engenheiros, políticos graduados, tudo gente fina e de muito saber, mas que nada sabiam do pouco que podiam assimilar as frágeis inteligências das mimosas criaturinhas ali presentes. Era preciso eu intervir a cada momento e avisar que S. Excias. estavam fora do programa. Mesmo assim as pequenas respondiam com tal vivacidade e acerto, que a professora era continuamente felicitada. Findos os exames era servida a obrigatória mesa de doces, aos examinadores. Praxe essa que devia ser abolida, pelas grandes dificuldades e aborrecimentos, que acarretam às professoras (p.99).

Como se percebe, o dia do "julgamento" era considerado uma "interessante festa de ensino" e era marcado por um alto grau de solenidade, pois, nesse dia eram reunidas as crianças de várias escolas públicas para serem "testadas" pelas autoridades do ensino, as quais lhes conferiam a aprovação ou reprovação. Vê-se, assim, que não foi sempre que a autorização da passagem das crianças de uma série para outra ficava a cargo dos professores. Observa-se, portanto, que ao longo dos anos a avaliação assumiu sentidos particulares, havendo, obviamente, marcas de ruptura, mas também de permanências e ressignificações.

Pode-se notar que os exames foram ganhando diferentes configurações ao longo dos anos: só ocorriam no fim do ano (novembro, dezembro), fazendo-se presente todo um ritual na medida em que todos os alunos, matriculados ou não nas escolas públicas, podiam fazê-los para dar continuidade aos estudos. Com a organização dos grupos escolares somaram-se aos "glamorosos" exames finais os trimestrais, bimestrais ou, ainda, mensais (Gallego, 2002).

Uma análise detida de documentos nos quais professores, diretores e inspetores escolares[3] relatam a situação

---

3 Atuais supervisores escolares.

do ensino no final do século XIX e início do século XX em São Paulo, já evidencia descontentamento quanto às atitudes dos alunos nessas situações. Dizia, ao final do século XIX, um dos professores da Escola Normal de São Paulo, lamentar muito que os alunos só estudassem às vésperas das provas e exames, demonstrando interesse apenas pelos "pontos" que iam ser objeto de questões.

Gradativamente, há um aperfeiçoamento dos modos de medir, classificar, estabelecer notas, fazer médias. Instaura-se cada vez mais uma comparação perpétua de cada um com todos, o que permite classificar e controlar. O que serve à organização das classes por níveis de aprendizado serve também como instrumento de poder e discriminação no interior da escola.

Instauram-se no interior das escolas, ao longo do tempo, mecanismos de seleção dos melhores, o que permite expulsar aqueles que não se ajustam aos padrões escolares. Entre esses mecanismos, a avaliação da aprendizagem assumiu um papel central, e a escola passou a utilizar-se dos exames ininterruptamente.

A reprovação foi alcançando índices cada vez mais expressivos, coincidentemente com o fato de as crianças menos favorecidas do ponto de vista socioeconômico adentrarem à escola pública, com a democratização do ensino na década de 1970[4]. Segundo análises como as de Bourdieu, Patto e Soares, a avaliação passou a ser o mecanismo uti-

---

4 No caso brasileiro, segundo estudiosos (como Penin), a partir da década de 1970 tem início um processo mais significativo do acesso à escola, ao mesmo tempo em que se instituem oito anos de escolarização obrigatória. Se na década de 1930 somente cerca de 60% das crianças brasileiras tinham acesso à escola primária de quatro anos, no final da década de 1980, de um total de 26,5 milhões de crianças de 7 a 14 anos, 21 milhões (81%) estavam matriculadas na escola fundamental de oito anos. Na década de 1990, os avanços continuaram: em 1992, houve uma queda de 12% na porcentagem de crianças de 7 a 14 anos fora da escola e, em 1997, de 6%.

AVALIAÇÃO

lizado para excluir aqueles que diferiam dos padrões com os quais a escola estava acostumada a lidar. A entrada de crianças das classes sociais menos favorecidas aproxima diferentes estratos sociais e, obviamente, nessas circunstâncias ocorre a supervalorização daqueles que se enquadram no que é apreciado pela escola, como ressaltam alguns estudiosos da questão.

Nesse quadro, pode-se dizer que os mecanismos de seleção passam a ser mais perversos, fatores sociais são subliminarmente avaliados (comportamento, linguagem, aparência etc.) e tudo concorre para desfavorecer os alunos pobres que não são capazes de exibir as qualidades valorizadas pelo sistema educacional e pela vida escolar. Para as camadas pobres que chegam às escolas públicas, no caso brasileiro, desenvolveu-se como que uma "cultura da repetência", a partir da qual era comum encontrar crianças e adolescentes reprovados muitas vezes e seguidamente até desistirem da escola – culpava-se, na maioria das vezes, os alunos pelo seu próprio fracasso. Predominou assim – e em alguns meios ainda predomina –, uma espécie de "ideologia do dom", um discurso pelo qual as desigualdades de desempenho podem e devem ser atribuídas a diferenças de características e aptidões individuais decorrentes de talentos ou dons, e não associadas às desigualdades de condições sociais e de acesso a bens econômicos e culturais, passíveis de serem traduzidos em comportamentos e desempenhos valorizados pela escola. Estudos realizados também detectaram os sentidos perversos da avaliação e passaram a questionar a eficiência da reprovação para a eficácia da aprendizagem. Ao longo da história da escola, crianças, adolescentes e jovens foram marcados por avaliações injustas, sem critérios ou pautadas em critérios outros que não os do ritmo da aprendizagem.

Buscando meios de superar os limites das avaliações

A associação tão presente no interior das escolas entre avaliar e medir pode ser explicada pelo desenvolvimento, nos últimos anos da década de 1920 e na década de 1930, de testes e medidas educacionais. Na verdade, os testes dominaram a avaliação desde o fim do século XIX e parte do século XX.

Procurava-se elaborar testes padronizados numa tentativa de medir habilidades e aptidões dos alunos. Observa-se que entre os anos 60 e 70, do ponto de vista teórico, atrela-se à concepção de avaliação como mensuração uma ideia de avaliação mais técnica, destacando-se seu caráter cientificista sob influência do pensamento norte-americano, baseados, por exemplo, nos estudos de Ralph Tyler, cujo livro *Princípios básicos de currículo e ensino*, traduzido entre nós em 1970, ressalta o papel da avaliação nas suas proposições e privilegia para tanto uma concepção científica das questões de ensino. As críticas recorrentes a essa perspectiva teórica baseiam-se na ênfase dada às mudanças no comportamento delineadas por objetivos, na consideração da avaliação como atividade final, no caráter cientificista e tecnicista da avaliação (Sousa, 1994, Ferreira, 2002). São inseridos nos procedimentos avaliativos testes, escalas de atitudes, inventários, questionários de modo a alcançar os objetivos (comportamentais) previstos (Ferreira, 2002). Segundo os estudiosos da área (Sousa, Alavarse, 2003, por exemplo), não há ruptura entre essas concepções.

O grande êxito, no Brasil, de um manual intitulado *Planejamento de ensino e avaliação* (Sant'Anna, Enricone, André e Turra, 1ª edição de 1975) garantiu a venda de mais de 150 mil exemplares da obra que, além de ter inspirado a elaboração das propostas de ensino da década de 1970 até hoje, tinha em seu capítulo sobre avaliação um dos pontos

AVALIAÇÃO

mais valorizados, ao apresentar conceitos e propostas práticas. Talvez, entre as razões de seu êxito esteja justamente o fato de que, como um manual, o livro oferecia elementos para ajudar a escolher, elaborar e aplicar instrumentos de avaliação (testes, dissertações, observações e outros).

Desde a década de 1980, principalmente, há uma série de estudos que procuram redirecionar os modos pelos quais a avaliação é concebida e efetuada no interior da escola, defendendo-se uma concepção de educação em prol da aprendizagem, não discriminatória, comprometida com a democratização do ensino. Tais discussões culminaram na instituição de medidas (políticas) mais incisivas numa tentativa de reverter o quadro instaurado: uma delas foi a instituição da Progressão Continuada e dos Ciclos em vários estados brasileiros para o Ensino Fundamental[5]. No caso de São Paulo, um dos estados que a adotou, a Progressão Continuada foi normatizada pela deliberação 9/97 do Conselho Estadual de Educação e implantada em 1998. A organização básica em ciclos, proposta por essa deliberação e adotada pela rede estadual de ensino no estado de São Paulo e na maioria de seus municípios, constituiu uma entre outras formas de organização escolar previstas no artigo 23 da Lei de Diretrizes e Bases (LDB) 9394, de dezembro de 1996. Segundo este artigo,

> a educação básica [formada pela Educação Infantil, Ensino Fundamental e Ensino Médio, de acordo com o artigo. 21] poderá organizar-se em séries anuais, períodos semestrais, ciclos, alternância regular de períodos de estudos, grupos não seriados, com base

---

5 Embora se enfatizem as reformas ocorridas na década de 1990, é imprescindível indicar que teóricos como Leite e Almeida Júnior, por exemplo, questionavam o caráter perverso da reprovação e a seletividade que marcavam a escola desde a década de 1950. Propunham medidas que culminaram em projetos e experiências em várias redes públicas de ensino, que se organizaram em ciclos, a saber: os estados de São Paulo de 1969 a 1972, Santa Catarina, de 1970 a 1984 e Rio de Janeiro, de 1979 a 1984 (Mainardes, 1998).

DENICE BARBARA CATANI · RITA DE CASSIA GALLEGO

na idade, na competência e em outros critérios, ou por forma
diversa de organização sempre que o interesse do processo de
aprendizagem assim o recomendar [...]

São Paulo, por exemplo, adotou em 1998 o sistema de
ciclos no Ensino Fundamental, de quatro anos cada. Já em
vários municípios, adotou-se o sistema de dois anos sendo,
assim, avaliado ao final de cada ciclo se os alunos perma-
necem ou não no mesmo. Segundo André (2002, p.191),
a proposta da Progressão Continuada está respaldada nos
princípios de flexibilidade e avaliação que fundamentam a
LDB/96.

O Brasil não é o único país que tem tomado medidas
dessa natureza. Na Itália, por exemplo, as crianças não são
reprovadas no ensino fundamental (7 aos 14 anos) e são
promovidas por idade. As turmas são organizadas por faixa
etária. Em outros países onde são desenvolvidas experiências semelhantes, partilha-se do mesmo princípio: oferecer
um ensino obrigatório sem obstáculos nem exclusões e trabalhar para acompanhar as diferenças individuais ao longo
da escola básica (Hoffmann, 1998).

Ao se entender que a aprendizagem não ocorre num ritmo
homogêneo e linear de domínio de conteúdos escolares, mas
por ensaios, tentativas e erros, hipóteses, recuos e avanços,
na organização em ciclos, torna-se essencial acompanhar o
desenvolvimento dos alunos mediante contínuas avaliações
parciais da aprendizagem e recuperações paralelas durante
todos os períodos letivos e ao final também. Ao ter outros
referenciais para nortear a prática de organização escolar,
não se nega que haja alunos com problemas específicos de
aprendizagem ou outros: o que se nega é que tais problemas
tenham como solução apenas a repetência (Oliveira, 1998).

Segundo estudiosos da área, a concepção de avaliação
presente no artigo 24 da LDB 9.394/96 causou diversas in-

AVALIAÇÃO

quietações e dúvidas aos educadores. Segundo esse artigo, devem integrar os critérios da verificação do rendimento escolar:

> a avaliação contínua e cumulativa do desempenho do aluno, com prevalência dos aspectos qualitativos e dos resultados ao longo do período sobre os de eventuais provas finais; possibilidade de aceleração de estudos para alunos com atraso escolar; possibilidade de avanço nos cursos e nas séries mediante verificação do aprendizado; aproveitamento de estudos concluídos com êxito; obrigatoriedade de estudos de recuperação, de preferência paralelos ao período letivo, para os casos de baixo rendimento escolar, a serem disciplinados pelas instituições de ensino em seus regimentos.

A propósito dessas recomendações, Hoffmann (1998) observa que um bom processo avaliativo deve ser preventivo atentando, de forma constante, para as dificuldades dos alunos. Deve também ser cumulativo, integrando dados quantitativos e qualitativos para ensejar uma análise global do aprendizado. Para Oliveira (1998), o privilégio conferido aos aspectos qualitativos de preferência aos quantitativos evidencia a luta por assegurar o direito de ter educados todos os cidadãos, zelando-se por medidas de não exclusão pelo sistema escolar, tanto pela garantia de vagas quanto pela garantia de uma aprendizagem bem-sucedida.

Para Piaget (1985), trata-se de observar continuamente o trabalho do aluno; o valor do julgamento do professor é, naturalmente, proporcional ao valor do mestre e está em sua inteligência e em sua "objetividade ou imparcialidade, sobretudo em sua capacidade de poder dissociar as qualidades permanentes das qualidades escolares. Bem melhor que o método dos exames é esta observação" (p.114). Desse modo, sugere a substituição das escalas numéricas pelas qualitativas (conceitos), já que entende o caráter numérico como algo puramente simbólico. Os exames, para Piaget, polarizam, na consecução de resultados efêmeros e em boa parte artificiais, a maior parte das atividades que deveriam ser consagradas à formação da inteligência, uma vez que há pouca significação das notas das provas, as quais englobam questões de memória que se fazem, segundo o autor, por acumulação provocada e momentânea, não pelo uso da memória como construção mental. Um dos principais inconvenientes está no fato de as provas medirem apenas resultantes ou desempenhos sem atingir seu mecanismo funcional ou formador. Assim, são válidos a título de diagnóstico, mas insuficientes como instrumentos de prognóstico.

Os pesquisadores da área consideram que ao instituir outras formas de organização dos alunos, tais como a progressão continuada e os ciclos, procura-se consagrar legalmente a *avaliação formativa*. Alguns autores sustentam que a lei anterior, LDB 5692/71, já trazia em seu texto aspectos tidos como inovadores: já se referia à avaliação formativa e à necessidade de fazer prevalecer os aspectos qualitativos sobre os quantitativos, bem como propunha a análise do desempenho global do estudante por meio do acompanhamento contínuo (Hoffmann, 1998). De acordo com a autora, embora esses princípios fizessem parte da legislação anterior, eles não foram integralmente implantados na prática, não tendo sido seguidos, ou mesmo, em alguns casos, compreendidos. Para Hoffmann, as críticas aos processos classificatórios, que visam à obtenção de resultados finais, quantitativos, desprovidos dos significados de acompanhamento do processo de aprendizagem do estudante, já datam da década de 1970. O termo *avaliação formativa*, introduzido no Brasil nos anos 70, por exemplo, ainda segundo a mesma autora, deriva da teoria de Michael Scriben que trazia o significado de acompanhamento do processo avaliativo por meio de etapas parciais, as quais iriam formando o conjunto

AVALIAÇÃO

de dados a serem analisados. No mesmo período, outras teorias introduzem a concepção de *recuperação preventiva*, entendida como a retomada parcial e gradativa das dificuldades dos alunos ao longo do processo de aprendizagem, prevenindo as dificuldades mais sérias, e complementada por uma recuperação final das dificuldades remanescentes.

Segundo os preceitos da avaliação formativa, a escola deve disponibilizar aos pais e aos órgãos de supervisão os resultados obtidos ao longo do processo, o que não significa simplesmente mostrar as notas ou menções, mas sim apresentar considerações sobre suas dificuldades, seu desempenho em relação aos objetivos previstos, seus progressos e as providências adotadas pelo estabelecimento na busca de se sanarem as dificuldades identificadas. Por isso, os registros e as fichas de acompanhamento são amplamente defendidos, considerados instrumentos fundamentais junto às atividades desenvolvidas pelos alunos. Portanto, avaliar a aprendizagem nessa perspectiva não significa mais dar uma nota, ter média para passar de ano. O desafio, então, é reconhecer as especificidades dos processos de aprendizagem de cada aluno para dar o devido encaminhamento: há aqueles que precisam de mais tempo para aprender, outros que têm dificuldades peculiares e, ainda, os que não estudam (Oliveira, 1998).

É bom destacar que as representações dos pais acerca da escola incluem necessariamente as lições, provas e notas, por isso consideram-nas valores seguros ou bons indícios da situação de seus filhos. Segundo Perrenoud (1993, p.175), qualquer um que tenha frequentado a escola pode compreender seu funcionamento. Para ele, tanto o sistema de avaliação quantitativa quanto seus substitutos qualitativos são esquemas que todos conhecem e fazem parte de uma imagem corrente e de uma representação vulgar da escola (Perrenoud, 1993, p.175). Portanto, isso é muito tranquilizador, é um "ponto fixo" que permite aos pais orientarem-se e, então, serem aliados na permanência dos sistemas quantitativos de avaliação.

De acordo com o mesmo autor, a avaliação é um elo entre a escola e a família porque esta toma conhecimento de trabalhos, provas e cadernetas e desse modo pode acompanhar a aprendizagem, o êxito, o fracasso ou as dificuldades dos filhos. Mediante essas informações, as famílias podem usá-las para intervir, pressionar os estudantes ou mesmo controlar o tempo livre em função da necessidade de maior ou menor dedicação aos estudos.

Segundo teóricos que defendem a avaliação formativa, esse sistema de comunicação é muito pobre, e faz com que os pais se limitem a agir em função de algumas indicações numeradas que não conduzem a *nenhuma representação precisa do que o aluno domina realmente* (Perrenoud 1993, p.176). Mudar o sistema de avaliação conduz inevitavelmente a privar uma boa parte dos pais dos seus pontos de referência habituais, criando ao mesmo tempo incertezas e angústias.

Embora muitos educadores, pais e alunos associem medidas como a Progressão Continuada a uma estratégia política para diminuir as taxas de reprovação, é possível constatar que a medida também propõe mudanças nos paradigmas até então presentes na cultura escolar: exige a revisão de conceitos como seriação, aprovação, reprovação e, de modo particular, no sentido atribuído à avaliação da aprendizagem. Estudiosos que a defendem afirmam que tal medida justifica-se pela tentativa de contribuir com a universalização do Ensino Fundamental, uma vez que com ela se busca assegurar, de algum modo, o acesso à e a permanência dos estudantes na escola. Presta-se, ainda, a regularizar o fluxo dos alunos no que se refere à relação série/idade.

O fato de a Progressão Continuada dar visibilidade aos alunos que não aprendem mantendo na escola os que nas antigas situações de regime seriado seriam "expulsos" do sistema acaba por denunciar, segundo alguns pesquisadores, a má qualidade do ensino (Freitas, 2003b). Na verdade, não se nota que tais formas de organização implicam questionamentos das práticas em voga há anos na escola. Não percebendo a lógica das referidas organizações, consideram que a modalidade dos ciclos, por definição, não comporta retenções em seu interior e, portanto, pode não ser produtiva para a aprendizagem dos alunos (Oliveira, 1998). "Aquela escola, sim, era boa!", muitos exclamam referindo-se àquela realidade escolar que trazia consigo a exclusão, pois na lógica da organização por séries os alunos que não aprendiam, de modo geral, eram eliminados pela reprovação.

Perante o que foi apresentado, pode-se notar que o fato de não haver reprovação no fim de cada ano na Progressão Continuada não deve significar a ausência do ato de avaliar, como algumas pessoas acreditam. A reprovação deve ocorrer somente em casos excepcionais, ou melhor, quando esgotadas as formas de trabalho possíveis no interior da escola e no fim de cada ciclo (no caso de São Paulo). Mas, a questão é que ao se relativizarem as exigências, algumas vezes distorcem-se os sentidos da avaliação, correndo-se o risco de haver a promoção de alguns alunos sem que tenha ocorrido uma aprendizagem efetiva. Conforme indica Soares (1997), pode-se criar uma ilusão de que os estudantes outrora excluídos (especialmente os das classes menos favorecidas economicamente) estão alcançando o sucesso escolar, o que é desmistificado quando são submetidos a mecanismos de seleção fora da escola que os promoveu ou quando fracassam na vida profissional, ao concorrerem com alunos provenientes das escolas que servem às classes privilegiadas.

Integrando o conjunto de medidas ligadas à avaliação que hoje percorre os sistemas educacionais, no caso brasileiro, as avaliações externas presentes entre as atividades das escolas de todos os níveis, desde a Educação Infantil até a pós-graduação acabam por explicitar diferenças entre as escolas em nível nacional, estadual ou municipal. A título de exemplo, pode-se citar o Sistema Nacional de Avaliação da Educação Básica (SAEB),[6] o Exame Nacional do Ensino Médio (ENEM), o Exame Nacional de Desempenho de Estudantes (ENADE), dirigido ao Ensino Superior; todos implementados pelo poder executivo federal, desde a década de 1990 e reconfiguradas na gestão do presidente Luiz Inácio Lula da Silva. As avaliações se caracterizam por instrumentos que avaliam não apenas os alunos (do Ensino Fundamental, Médio e Superior) como também os professores, a direção, a coordenação e mesmo a infraestrutura das instituições de ensino. Tais modos de reunir dados acerca do sistema de ensino marcaram a década de 1990 e assumem um papel cuja eficácia é discutível, segundo os especialistas, mas que tem sido defendido pelos que afirmam a necessidade de controlar de modo rigoroso os resultados dos investimentos feitos na área educacional.

No caso paulista, por exemplo, sabe-se que em virtude das solicitações feitas pela administração, foram incorporados objetos novos no que concerne à cultura da avaliação no interior da escola, como por exemplo, os relatórios individuais dos alunos que têm como principais objetivos identificar os modos como a aprendizagem está ocorrendo durante o ano e informar o professor do ano seguinte sobre a situação dos estudantes. No entanto, assim como a maioria das tarefas solicitadas aos professores, essa acaba sendo percebida muitas vezes como mais uma atividade do âmbito

---

6 Conforme estabelecido pela Portaria nº 931, de 21 de março de 2005, o SAEB é composto por dois processos: a ANEB, (Avaliação Nacional da Educação Básica) – realizada por amostragem das Redes de Ensino, em cada estado brasileiro com foco nas gestões dos sistemas educacionais; e a ANRESC (Avaliação Nacional do Rendimento Escolar), focada em cada unidade escolar e conhecida como Prova Brasil.

burocrático. Assim, nem sempre, o sentido da elaboração desses relatórios é entendido. Ao mesmo tempo em que essas práticas se fazem obrigatoriamente presentes no interior das escolas (estaduais/municipais), é recorrente o desejo, mesmo que velado, de que retornem as notas e as provas como instrumentos centrais de avaliação... Muitas vezes sob a justificativa de que os pais e os alunos não concordam com a ideia de todos "passarem de ano", de não haver notas etc. Essas resistências são tão marcantes porque, em algumas circunstâncias, as notas acabaram por ganhar relevância maior do que o próprio ensino. Pode ocorrer que alguns professores se preocupem mais com as maneiras de avaliar ou atribuir notas do que com a invenção de formas significativas de proceder com relação à aprendizagem.

Ao se fazer tais afirmações não se pretende dizer que os professores simplesmente são "culpados" pela má utilização das avaliações, mas se quer, sim, chamar a atenção para seus usos possíveis. E se pretende, a partir daí, refletir sobre a necessidade de compreender toda a extensão das articulações entre ensinar e avaliar, aprender e mostrar o aprendido e outras relações da mesma natureza que se instauram nas situações escolares.

Pode ocorrer mesmo que a avaliação da aprendizagem acabe, por vezes, reduzida a um processo coercitivo ou a um esquema de punições e recompensas, como se observará nos capítulos seguintes. Ao se instaurarem tais práticas, os alunos acabam por "aprender" como devem se portar em cada prova, e por desenvolver certos mecanismos de sobrevivência: sabem o que e como devem escrever de acordo com o professor que os está avaliando, restringem-se a estudar somente os "pontos" solicitados para a prova, escondem o que não sabem, supervalorizando as notas "tiradas". Obviamente, ao conseguirem a nota, sentem-se aliviados e o que foi "estudado", muitas vezes, cai no esquecimento...

Desse modo, podemos considerar que a questão da avaliação, ao ganhar sentidos específicos para cada um dos agentes nela envolvidos (alunos, professores, pais, Estado, instituições) ancora-se em discursos que incluem diferentes representações da realidade social e da escola. A acurada compreensão dos modos pelos quais as avaliações envolvem uma rede complexa de relações e saberes, em suas práticas, traduz diferentes modalidades de classificações sociais e pode permitir aos professores a busca de modos de atuar no ensino que se prestem menos à discriminação e que operem de forma mais justa quanto às desigualdades que as escolas podem agravar.

2 A avaliação nas situações educacionais: conhecer, julgar, classificar, hierarquizar, controlar

Neste capítulo, a preocupação central é discutir processos de avaliação como maneiras de classificar, hierarquizar diagnosticar. Para tanto, examina-se uma dupla vertente: a de quem avalia e a de quem é avaliado, por exemplo, professores e alunos ou o Estado e as instituições etc.

Sabe-se que a avaliação é um dos instrumentos de *controle* da oferta e do aproveitamento das oportunidades educacionais e sociais mais eficazes no sistema de educação. Sob uma aparente neutralidade e equidade, a alguns são oferecidas sucessivas oportunidades sociais e, por conseguinte, educacionais, enquanto a outros essas oportunidades são negadas por meio de um processo pautado em critérios que transcendem os fins explicitados da avaliação (diagnosticar o nível de desenvolvimento dos alunos, identificar o modo pelo qual estão se apropriando do conhecimento das diferentes disciplinas, entre outros).

Tal como se observou no capítulo anterior, a avaliação que podemos chamar de informal está presente na vida das pessoas em todas as situações sociais e, do mesmo modo, nas escolas e nas relações entre professores e alunos. Todos são avaliados, todos avaliam e se autoavaliam. Como o ato de avaliar (informal ou formalmente) implica classificações, comparações, julgamento e controle, é importante observar as tramas estabelecidas ao fazê-lo.

DENICE BARBARA CATANI · RITA DE CASSIA GALLEGO

O juízo professoral e o desempenho dos alunos

Antes de serem hierarquizados e classificados pelas notas e menções que dizem respeito aos seus conhecimentos e ao aprendizado, os alunos já o são por fatores de caráter social. Os professores, ao avaliarem – e, portanto, julgarem – seus alunos, produzem cotidianamente classificações, que organizam suas percepções e suas apreciações, além de estruturarem suas práticas (Bourdieu, Saint-Martin, 1998). A importância de refletir sobre essas classificações ou apreciações dos professores liga-se ao fato de serem produzidas em relação com as notas e com a origem social dos alunos, conforme demonstrado por estudos como os de Bourdieu e de outros autores que o sucederam.

As formas escolares de classificação de que trata Bourdieu são produzidas na e pela prática, fora de toda a intenção propriamente pedagógica, isto quer dizer que, mesmo sem pretender utilizar-se de suposições teóricas ou de reflexões pedagógicas, os professores acionam maneiras práticas de situar os alunos em escalas de excelência.

"As categorias do juízo professoral", estudo de Bourdieu e Saint-Martin (1997), busca explicitar os mecanismos de construção das formas de julgar os alunos que os professores acionam nas diferentes situações de ensino. A análise pautou-se em 154 fichas individuais de alunas de um primeiro ano superior feminino de Paris, as quais continham, além das notas atribuídas aos trabalhos escritos e às intervenções orais, apreciações justificativas (contendo dados como: data de nascimento, a profissão e o endereço dos pais e o estabelecimento frequentado durante os estudos secundários). Bourdieu e Saint-Martin observaram, principalmente, que as notas médias elevavam-se à medida que aumentava em legitimidade o lugar dos sujeitos na hierarquia social e, consequentemente, os julgamentos elogiosos. As alunas prove-

AVALIAÇÃO

nientes das frações da classe dominante, mais ricas em capital cultural, escapavam quase por completo dos julgamentos mais negativos, sendo-lhes atribuídas as características mais valorizadas (clareza, concisão, fineza, sutileza, inteligência, cultura etc.). Já para as meninas das classes médias, quando lhes era atribuída alguma apreciação mais rara, vinha quase sempre acompanhada de reservas ("não é imbecil, mas um pouco infantil, incompleta e inábil, mas interessante, uma certa cultura"; "conhecimentos de fachada, pontos de vista concisos, mas muito parciais"; "sincera, séria, um pouco tímida, boa utilização do alemão"). Identificou-se que para nota igual ou equivalente, quanto mais baixa a origem social das alunas, bem mais severas as apreciações, expressas de modo brutal, sem eufemismos. As menções que compunham os julgamentos eram mais relacionadas à origem social do que a nota em que se exprimia.

Tal constatação pode ser explicada, possivelmente, pelo fato de o professor, no momento de atribuir a nota, mobilizar suas representações sobre as alunas com base em seu conhecimento do que Bourdieu e Saint-Martin (1997) chamam de *hexis corporal*. O conceito é entendido como o "conjunto de propriedades associadas ao uso do corpo em que se exterioriza a posição de classe de uma pessoa" (p.192), o qual fornece um sistema de índices relacionado à origem de classe que parece evocar qualidades intelectuais e morais da pessoa. Desse modo, ao se avaliar, utilizam-se critérios totalmente estranhos aos que são explicitamente indicados na definição técnica do desempenho exigido; critérios esses difusos, nunca anunciados, oferecidos pelos trabalhos escolares ou pela pessoa física do seu autor. Ao se tratar do aspecto físico, destacam-se tanto características como cor, forma do rosto, altura, forma física – essas socialmente marcadas –, quanto as que denotam o tratamento social do corpo, ou seja, roupa, adereços, cosmética, maneiras, conduta. Essas, em espe-

DENICE BARBARA CATANI · RITA DE CASSIA GALLEGO

cial, socialmente constituídas, acabam por sinalizar o que vai ser considerado a qualidade e o valor da pessoa. Assim, o que é solicitado aos alunos pressupõe aprendizagens que se desenvolvem no exterior da escola, longe da escola e antes da escola. O desmascaramento da ilusão ideológica de que as desigualdades de rendimento escolar se explicam por desigualdades naturais e desigualdades de dons consiste em uma das principais contribuições dos estudos realizados por Bourdieu.

Devemos também lembrar que pesquisas realizadas, especialmente para o caso brasileiro, reiteram as suposições básicas da análise de Bourdieu, especificando as formas peculiares que o processo pode assumir em locais, tempos ou espaços sociais diversos daqueles estudados pelo sociólogo. Ainda uma vez vale mencionar o estudo sobre a produção do fracasso escolar de Patto (1990).

A referência a um experimento realizado na década de 1960 pelos pesquisadores Rosenthal e Jacobson (1981) serve para indicar a força das expectativas dos professores na condução do desempenho intelectual dos alunos. Foi informado a professores de seis classes do ensino primário que determinadas crianças, submetidas a um teste cujo objetivo era identificar o seu desenvolvimento intelectual, mostraram um inusitado progresso e outras um menor desenvolvimento. Procurou-se testar a hipótese de que os alunos de quem os professores esperavam maior desenvolvimento da capacidade intelectual apresentariam-no de fato. Observou-se que essas crianças mostraram outras vantagens sobre seus colegas de classe e foram julgadas por seus professores como mais propensas a serem bem-sucedidas, mais ativas intelectualmente e superiores no desempenho socioemocional e em termos de saúde mental. Já as crianças indicadas como "mais lentas", das quais não se esperava grande desenvolvimento, evidenciaram pequeno progresso intelectual, percebendo-se os efeitos adversos da percepção de seu comportamento pelos professores. Os autores chamam a atenção para o fato de as expectativas do professores acabarem funcionando como profecias autorrealizadoras (Rosenthal e Jacobson, 1981).

Nesse sentido, o julgamento professoral não é neutro socialmente e se organiza em torno das oposições entre as características tidas como desejáveis e valorizadas e as não almejadas e tampouco valorizadas. Esse julgamento parece se fundamentar na crença de que uma vez apreendidas as propriedades identificadoras da posição social e designadas como propriedades da pessoa, apreendem-se consequentemente as qualidades morais e intelectuais (Morales, 2003).

A implicação mais direta é que os estudantes passam a ser classificados escolarmente de acordo com sua classificação social. Assim, há uma correspondência muito estreita entre a classificação de entrada e a classificação de saída "sem *jamais conhecer nem reconhecer (oficialmente) os princípios e os critérios de classificação social*" (Bourdieu, Saint-Martin, 1997, p.195), ou seja, realiza-se uma operação de classificação social mascarando-a, e objetivando-a por um sistema de adjetivos. Ela acaba por constituir, ao mesmo tempo, um intermediário e uma barreira entre a classificação de entrada, que é abertamente social e a de saída, que se quer exclusivamente escolar. Ao avaliar/julgar, os professores, porta-vozes legítimos de uma linguagem institucionalmente autorizada, acreditam operar uma classificação propriamente escolar e não social. O comportamento e o tipo e frequência da comunicação dos professores variam de acordo com o que esperam de seus alunos. Morales (2003) identifica bem como funciona o processo das expectativas nas relações entre professores e alunos. Segundo o autor, elementos como procedência étnica, grupo de origem, nome e sobrenomes, sexo, aspecto físico, conhecimento de parentes, amigos comuns, *status* socioeconômico, êxitos anteriores, testes iniciais e conduta do aluno consistem fontes de informação dos professores que acabam por influenciar ou determinar suas expectativas e, assim, suas condutas: cordialidade, qualidade da interação, perguntas orais, frequência e tipo, informação sobre o aprendizado, tipo de reforço, elogios e críticas, indicação de tarefas. Conforme destaca Leite (1981, p.242), estudioso que se dedicou ao exame das interações entre professores e alunos na década de 1970, quase todos os professores "se deixam arrastar por preferências ou antipatias – e essa relação afetiva, geralmente inconsciente, marca os seus alunos".

De posse dessas informações, os alunos constroem uma autoimagem positiva, motivam-se e vêm a ter condutas coerentes com o que se espera deles (Morales, 2003, p.90). Essa acaba por ser aceita e interiorizada pelos alunos que, inclusive, reproduzem-nas para si e entre os colegas. Tais observações exemplificam bem a maneira pela qual as categorias sociais constroem as categorias do juízo dos professores na avaliação dos alunos.

Embora os estudos que explicitam a relação entre desempenho social e escolar marquem a década de 1970, até hoje nota-se a permanência das mesmas formas de estabelecer tais julgamentos e elas continuam a permear profundamente as relações entre professores e alunos. Mesmo com as tentativas de se flexibilizar as avaliações formais complementando-as por outros modos de se avaliar ou pelo uso de outras técnicas, isso pouco altera os modos pelos quais são constituídas as categorias de apreciação dos alunos pelos professores.

Mediante pesquisas realizadas, pode-se afirmar que a percepção dos professores sobre o futuro rendimento de seus alunos é mais acertada quando se trata dos piores alunos do que quando se trata dos considerados bons: parece que se profetiza com mais exatidão o fracasso do que o êxito (Morales, 2003). De acordo com esse autor, muitas são as formas de contribuir para a diferenciação entre os alunos: fazer perguntas direcionadas àqueles que sempre respondem bem, dar respostas com má-vontade a, ou ignorar certos alunos. Em resumo, como nas outras modalidades de contato social, o olhar, perguntar, elogiar, ignorar como formas de relacionamento parecem ter forte poder de instaurar disposições positivas ou negativas, férteis ou estéreis entre professores e alunos.

A menção à pesquisa realizada por Omote e Chacon (2002) também é pertinente já que buscou demonstrar de forma experimental quais variáveis – aparentemente estranhas ao produto que está sendo avaliado (no caso, redações) – podem influenciar de modo decisivo a nota atribuída. Cento e vinte e oito estudantes do 4º ano dos cursos de Pedagogia e Letras receberam cada um uma redação feita por alunos de uma classe de 4º e uma classe da 5º ano do Ensino Fundamental acompanhada de uma ficha de identificação com informações do suposto autor (sexo, série, breve descrição da vida pregressa, que o caracterizava como tendo bom ou mau desempenho escolar, breve descrição do perfil comportamental na sala de aula e nível socioeconômico). Entre os resultados obtidos por essa pesquisa, cabe destacar que as notas foram significativamente maiores para o 5º ano do que no 4º, resultado que parece decorrer das expectativas mais favoráveis aos alunos que se encontram na etapa final de um período do percurso escolar, já que as redações avaliadas certas vezes eram as mesmas, mudando apenas a referência ao ano; os efeitos das expectativas favoráveis associadas ao histórico de bom desempenho escolar do aluno também foi marcante. Embora não tenham sido notadas relações explícitas entre as variáveis sexo, comportamento escolar e nível socioeconômico, demonstrou-se ampla variação que revela a grande diversidade dos critérios utilizados pelos avaliadores. Segundo os pesquisadores, a relevância dos dados não está exatamente em identificar quais variáveis podem influenciar a atribuição de notas, mas em explicitar a existência de variáveis estranhas à qualidade do trabalho que podem desencadear análises tendenciosas nesse processo, o que evidencia como se estrutura o processo de julgamento por parte de quem avalia.

Avaliar para quê?

Foucault (1987) entende que o exame ou a prova, à época de seu surgimento, constituía um "controle normalizante, uma vigilância que permite qualificar, classificar e punir" e construir formas de visibilidade dos indivíduos mediante sua alocação em posições que permitem diferenciá-los e sancioná-los. Grande parte dessas características é ainda hoje reconhecível nesses dispositivos escolares. Provas/exames excluem uma parte significativa dos alunos e admitem, como "aceitos", outra parte, constituindo-se em uma prática altamente seletiva.

Um dos motivos aos quais se podem atribuir as resistências de alguns professores à ruptura do modelo de avaliação estabelecido, segundo alguns autores, é que ao utilizar as provas, docentes podem fazer uso exacerbado do poder, manter o silêncio e a *disciplina* dos alunos.

André (1990) discute a questão do poder e da função social da avaliação escolar e sublinha que é necessário analisar as mediações presentes no ato de avaliar. Para tanto, parte do conceito de *fabricação da excelência escolar* de Perrenoud, segundo o qual as normas e os critérios definidos pela escola, a despeito de serem resultados de excelência de uma dada construção social, são disseminados como o único modo de

AVALIAÇÃO

conceber a realidade. Nas relações intraescolares há uma produção de saber que lhe é específica e constitui um "sistema de verdades". Há mecanismos simbólicos assim como métodos, técnicas e instrumentos que permeiam as ações nos quadro escolares, especialmente nas relações entre professores e alunos. Na condição de avaliados, os alunos encontram-se em desigualdade de condições uma vez que não são eles que dispõem das questões, das artimanhas previstas pelos professores, assim como nem sempre estão cientes dos critérios mediante os quais serão avaliados. No interior das escolas, são os professores que determinam quase tudo: desde a disposição física dos alunos na classe até o uso do tempo de aula, a sequência das atividades, o direito à fala, bem como os limites das comunicações entre os sujeitos, o que vai ou não ser ensinado e o que vai ou não fazer parte da avaliação. Detentores de um saber pronto e em certo sentido inquestionável, cabe a eles decidir sobre a aprovação ou não de seus alunos, os quais devem ter a capacidade de reproduzir esse saber. Bohoslavsky (1985), em seu estudo acerca da psicopatologia dos vínculos entre professores e alunos, a propósito do exercício do poder em sala de aula, destaca que:

> definir a comunicação com o aluno implica o estabelecimento do contexto e da identidade dos participantes: o professor é quem regula o tempo, o espaço e os papéis desta relação. Além disso, é o professor quem institui um código e um repertório possível. Ao fazê-lo, integra os códigos e os repertórios institucionais do órgão onde se ministra o ensino, os códigos de sua matéria e os códigos pessoais ou estilos (geralmente mais difusos e implícitos) através dos quais, e somente através dos quais suas mensagens podem ser compreendidas... (p.322).

Embora o estudo de Bohoslavsky esteja voltado para a análise das relações pedagógicas no ensino universitário, não fica difícil perceber o quanto suas considerações permitem o reconhecimento de paralelos em outros níveis de ensino, nos quais é possível que as características por ele identificadas sejam até mais facilmente constatáveis.

Os sistemas de notas e classificações acabam por serem perversos, consagram a desigualdade e não parecem reconhecer que essas notas estão sujeitas a um complexo conjunto de variáveis que caso fossem alteradas acarretariam a alteração das próprias notas. Submete-se às mesmas provas e aos mesmos critérios temas fundamentalmente desiguais. Os procedimentos de exclusão associados ao fracasso escolar e às más notas não operam por medidas legislativas, brutais, abertamente antidemocráticas, mas de modo gradual, a partir dos insucessos acumulados, sem que os interessados possam compreender as engrenagens do sistema, posto assim a funcionar como uma espécie de "habilidade diabólica" (Bourdieu, Passeron, 1992).

Além desses fatores, em muitas circunstâncias, a avaliação exerce o controle do conhecimento na medida em que define *o que* o estudante deve saber e avalia se ele sabe *tudo o que* deve saber e *apenas* o que deve saber, e ainda se sabe tal *como* deve saber. Assim, evidentemente as avaliações acabam por determinar e legitimar uma dada forma de relação com a cultura. Como Bourdieu e Passeron destacam, o sistema de ensino define o conhecimento a ser ensinado e a maneira de manifestar o seu aprendizado.

As práticas de avaliação, cujo ícone são as provas, instauram um poder sobre o próprio saber da parte do professor e que consiste num paradigma de verdade, pois a sua resposta, geralmente, é a única possível. Segundo Lima (1994, p.44), "a carga simbólica da invalidação total do produto da criança constitui, sem dúvida, um mecanismo poderoso de poder, de domínio da verdade".

Nas formas de avaliação mais usuais, já que o interesse está no valor da nota, o aluno empenha-se em iludir, disfarçar pontos fracos e valorizar pontos fortes. Segundo

AVALIAÇÃO

Perrenoud (1993), a *profissão aluno* consiste em atuações que desmontam armadilhas elaboradas pelo professor, decodificam as suas opiniões, negociam ajuda, correções mais favoráveis ou anulação de uma prova malsucedida. Nesse contexto, é preciso *usar de astúcia*, fingir ter compreendido a matéria, recorrendo aos meios disponíveis, "desde uma preparação rápida e intensa até à trapaça, à sedução e à mentira impiedosa" (p.180). Além disso, os alunos estudam em função do tipo de pergunta esperado, das provas esperadas, estuda e informa-se sobre aquilo que não sabe em função de uma determinada prova.

Tais atitudes são bastante notadas ao se submeterem a provas como os vestibulares e cada vez mais por ocasião das avaliações externas que têm ocupado um lugar importante no campo educacional. Ao ser examinado interna ou externamente, o sujeito constitui-se como um objeto descritível, analisável e integra um sistema comparativo que permite a medida de fenômenos globais. Nas diversas situações de avaliação, classifica-se, inclui-se e exclui-se. Um exemplo bastante significativo é o dos vestibulares, que aprovam ou incluem a minoria daqueles que se submetem às provas para tentar ingressar nas escolas superiores.

As avaliações externas, que introduziram algumas medidas homogeneizadoras nos sistemas de ensino em vários países, e também no Brasil, foram influenciadas por reformas educacionais ocorridas nos Estados Unidos e na Inglaterra, nos anos 80 (Barreto, 2001, p.57). Conforme destaca Afonso (1998), elas foram essenciais para a promoção de quase-mercados no setor educacional, pois por uma combinação específica de elementos de regulação do Estado e da introdução da lógica de mercado, no domínio público, aumentou o controle governamental sobre as escolas, ao mesmo tempo em que criou mecanismos de incentivo à competitividade no sistema educacional.

Tais reformas, motivadas pelo argumento de que a qualidade insatisfatória da educação seria basicamente responsável pela vulnerabilidade do país perante o nível educacional e de desenvolvimento de outros países industrializados, partem do princípio de que uma força de trabalho educada é essencial para possibilitar a competição econômica, elevando a produtividade e a capacidade de adaptação às rápidas mudanças nos mercados internacionais (Barreto, 2001, p.57). Fundamentam tais mudanças no princípio de que o poder público deve prestar contas à sociedade dos serviços que oferece e das formas pelas quais são gastos os recursos que lhe foram confiados. Desse modo, sustentam tais ações no princípio liberal que enfatiza a liberdade de escolha dos pais em relação ao ensino que querem para os filhos, supondo, assim, que eles buscam a melhor educação para as suas crianças. A melhoria do rendimento dos alunos seria alcançada, segundo essa lógica, mediante a concorrência entre as escolas (Barreto, 2001, p.57). Como destaca Fletcher (1995), acreditam que a publicidade negativa possa estimular administradores e professores a dedicarem maiores esforços ao ensino e utilizam sanções econômicas, políticas e regulamentares como incentivos.

A avaliação torna-se, nesse modelo, um componente ímpar das reformas educativas. Ela permite tanto o aumento do controle do Estado sobre o currículo e as formas de regulação do sistema escolar quanto sobre os recursos aplicados na área, assumindo assim um papel imprescindível na concretização do papel do Estado na gestão da educação, cujas funções essenciais têm sido a de legislar e avaliar (Sousa, 2003, p.177). Desse modo, acabou por ser necessária a formulação de currículos nacionais em países nos quais não havia, já que eles constituem uma referência *natural* para o emprego da aferição estandardizada do rendimento escolar (Barreto, 2001, p.57-58).

A necessidade de o Estado controlar os resultados da educação parece ser a justificativa da realização das avaliações externas, já que conforme autores como Oliveira e Sousa (2003), por examinarem os egressos impossibilita-se a tomada de ações efetivas para garantir que aqueles que não alcançaram resultados satisfatórios consigam eliminar as lacunas existentes. Tais avaliações estabelecem parâmetros para comparação e classificação de desempenhos. Os usos feitos dos dados coletados acarretam a responsabilização das escolas pelo seu sucesso ou fracasso. No caso do estado de São Paulo, por exemplo, conforme se noticia pela mídia, o governo tem premiado as escolas com melhor desempenho nas avaliações.

Ao receber os resultados das provas externas, quando a escola não obtém um resultado satisfatório, quase sempre as justificativas utilizadas afirmam que o conteúdo da prova não foi ensinado, que a prova estava mal elaborada, que é um absurdo ser avaliado por provas externas e que isso é incoerente. No entanto, pouco se questionam as práticas de cada instituição, os modos pelos quais o ensino é realizado e pelos quais os alunos são avaliados. Decerto é menos trabalhoso para cada instituição assumir que o problema é de cunho exclusivamente externo.

Na percepção dos estudiosos que se dedicam ao exame das avaliações externas e institucionais é problemático seu caráter essencialmente quantitativo. No ensino superior, restringem-se à identificação de dimensões mais visíveis e de fácil descrição como medidas físicas, área construída, titulação dos professores, descrição dos corpos docente, discente e de servidores, relação dos serviços, dos produtos, das formaturas etc. desprezando-se sua diversidade, a identidade que torna única cada instituição bem como as condições específicas e a história que constroem distintas relações de produção e compromisso sociais (Dias Sobrinho, 1996, p.17). Ainda que o SNAES (Sistema Nacional de Avaliação da Educação Superior), implantado a partir de 2004, tenha inserido algumas mudanças como o exame dos alunos ingressantes e a nota, que passa a ser definida pela avaliação realizada por uma comissão interna (composta por diretores, professores, alunos e funcionários da faculdade), os dados são bastante gerais.

Obviamente, por ser bem mais complexo apreender as capacidades de aprendizagem,

> as reelaborações de significado, a relevância social, as significações subjetivas, o desenvolvimento de atitudes, os valores e os conteúdos invisíveis, o chamado currículo oculto, enfim, os processos que constituem o fenômeno do ensino como um todo complexo

> os exames externos restringem-se a processos intelectuais elementares que exigem a capacidade de recordar definições formais, compreender conceitos e termos (Dias Sobrinho, 1996, p.18).

A maior crítica feita aos exames padronizados é o fato de terem implicações que podem vir a comprometer a concretização do próprio propósito em que se apoiam – a democratização do ensino. Assim como ocorre com a avaliação da aprendizagem, o que está em pauta ao se discutir as avaliações externas são os usos dos seus resultados. Ao expor as escolas, estabelecendo-se *rankings* entre as instituições e os alunos retoma-se a ideia de uma avaliação cuja função é a de classificar ou de hierarquizar.

Como os alunos vivem as avaliações

Muito se discute do ponto de vista técnico acerca do melhor modo de avaliar, dos melhores instrumentos, quais seriam as melhores questões, sempre segundo a percepção de estudiosos ou de técnicos da avaliação, mas é quase nula a participação dos alunos no exame desses instrumentos. A referência à pesquisa realizada em três escolas estaduais do município de Marília, com alunos do Ensino Médio, é pertinente pelo fato de buscar identificar as possíveis formas de avaliação do rendimento escolar a que eram submetidos (Fabron, Omote, 2002). Conforme se constatou pelos relatos, os estudantes consideram a prova dissertativa como o instrumento que melhor avalia. Talvez essa percepção dos alunos se deva ao fato de serem avaliados, principalmente, pelas provas dissertativas, sem possibilidade de consulta, administradas mensal ou bimestralmente e com aviso prévio, segundo os dados da pesquisa. Questionados sobre mudanças sobre as práticas de avaliação, não sugerem modificações na forma de avaliação de seu rendimento escolar, o que ocorre, possivelmente, segundo os pesquisadores, em razão de os alunos terem se acostumado com o tipo de prova indicado. O que chama a atenção é o fato de que mesmo os alunos que não recebem boas notas ou bons conceitos nessa modalidade, tende a considerar a "situação normal na sua vida escolar" (Fabron, Omote, 2002, p.111). Aqueles alunos que esboçaram desejo de mudanças no modo de a escola avaliar gostariam de uma escola que lhes dessem condições de enfrentar a competição para as universidades públicas mediante o tratamento dos conhecimentos solicitados nos vestibulares (idem, p.118). Tal demanda parece compatível com a preocupação expressa por parte dos professores do Ensino Médio; para os alunos, no entanto, os esforços parecem não ser suficientes.

O fato é que os alunos têm representações das provas totalmente inversas ao sentido que elas deviam ter no contexto escolar, resultado do modo pelo qual foram entendidas e dos usos delas feitos. Uma pesquisa desenvolvida por Ferreira (2002) com alunos das 7ª e 8ª séries[1] e do 1º ano do Ensino Médio de uma escola privada, em 1997, evidenciou as

---

1 Atuais 8º e 9º anos do Ensino Fundamental (N. E.).

concepções dos alunos acerca das provas. Respostas como: "modo de pressionar o aluno"; "uma pedra no caminho de cada estudante"; "uma coisa que tenho que fazer para não perder o ano"; "uma coisa normal, porém que passa um pouco de medo"; "para mim, a avaliação não vale nada, o que vale é o que eu tenho em mente" expressam a visão estreita dos alunos sobre as provas, não relacionadas por eles aos aspectos pedagógicos (Ferreira, 2002, p.75).

Ao utilizar os desenhos de alunos numa tentativa de identificar a imagem que tinham da avaliação, Ferreira (2002) observou que eles a consideram um processo sofrido por suas implicações, de modo particular quando se referem às provas. Segundo essa autora, os desenhos demonstram que os alunos têm uma percepção negativa das provas. Evidencia-se que os alunos a temem, em seus desenhos identificaram-na com monstros, pesadelos, bichos, tortura, fantasma etc. Os desenhos denunciam, segundo Ferreira (idem, p.76), que o estado emocional dos alunos fica abalado nas situações de prova, já que registram junto aos desenhos palavras como "nervosismo"; "inquietação"; "dor de cabeça"; "socorro, prova!!!"; "será que vai ser difícil?"; "tô maluco"; "tortura"; "disputa: aluno versus prova", entre outras. Além das imagens mostrarem "suor" e "cabelos arrepiados", por exemplo.

Os alunos também expressam opiniões bastante pertinentes acerca da qualidade dos instrumentos de avaliação: "os professores deviam parar de dar provas com elaboração complicada"; "podiam melhorar os tipos de perguntas"; "as provas não deveriam ser de decorar, pois eu acho que assim o aluno não aprende nada"; "avaliações com nossas palavras, não só com o que está no livro" (idem, p.81-82). Quando questionados sobre como gostariam de ser avaliados indica-se, por exemplo, que "deveria envolver mais os alunos com trabalhos, pesquisas individuais, assim aprenderíamos mais e dariam mais gosto nos estudos" (p.86).

3 Os processos de avaliação e alguns aspectos técnicos, éticos e institucionais: quem é o melhor aluno, quem é o melhor professor, qual é a melhor escola...

Nessa parte discutem-se o alcance e os modos de avaliar, bem como os usos dos processos e resultados das práticas de avaliação, privilegiando as situações educacionais. Situam-se aqui questões específicas relativas à educação no Brasil, como por exemplo, as avaliações externas.

Como procedimento educacional, a avaliação evidencia sua dimensão de instrumento político que tanto pode servir à democratização quanto à discriminação social. "Sua forma, seu conteúdo, o uso que se fizer de seus resultados, podem servir a um ou a outro propósito" (Sousa, 1994, p.175).

A organização de sistemas padronizados de avaliação do ensino básico é relativamente recente, não só no Brasil, como em outros países, e são raros os estudos acerca de seus efeitos. Conforme destaca Barreto (2001), em vários países europeus que estão implantando estes sistemas, tais como Holanda, França e Inglaterra, somente nos últimos anos começa-se a dispor de informações completas sobre as primeiras gerações de estudantes. Além disso, embora se tenha buscado associar essa prática aos esforços de melhoria do ensino, nota-se que a avaliação institucional e de políticas públicas é uma área ainda incipiente nos âmbitos conceitual e metodológico. Há pouca experiência e tradição de avaliação sistemática de desempenho e de resultados. Além disso, as metodologias adotadas, quase sempre, enfa-

DENICE BARBARA CATANI · RITA DE CASSIA GALLEGO

tizam "o *impacto* quantitativo, objetivo e imediato das ações desenvolvidas" (Belloni, Magalhães, Sousa, 2003, p.9).

Praticamente todos os países da América Latina instituíram alguma modalidade de sistema nacional de avaliação do rendimento escolar na década de 1990. No Brasil, registra-se desde a década de 1960 a ampliação do uso de testes educacionais (Gatti, 1987), mas é entre o final da década de 1980 e o começo dos anos 90 que ocorrem as primeiras iniciativas de organização de uma sistemática de avaliação dos ensinos Fundamental e Médio em âmbito nacional, denominada pelo MEC de Sistema Nacional de Avaliação da Educação Básica (SAEB) (Sousa, 2003, p.179). Sousa (1994) chama a atenção para o fato de que quando se supõe que a comparação entre as escolas por meio da avaliação do rendimento dos alunos possa estimular a melhoria do ensino deixa-se de lado o fato de que se pode com isso incrementar a discriminação. Além dos alunos "fortes" e "fracos" passa-se também a ter escolas "fortes" e "fracas". A autora levanta várias questões a partir daí, lembrando como tudo isso pode afetar a implementação de políticas públicas e o próprio destino escolar de alunos considerados "malsucedidos" e que podem vir a comprometer a imagem das escolas (Sousa, 1994, p.175-176).

Tendo em vista as inúmeras e complexas variáveis que condicionam o desempenho escolar e que nem sempre são passíveis de mensuração, a autora indaga, ainda, como tais variáveis podem ser ponderadas perante as diferenças de desempenho dos alunos nos referidos testes. Além disso, destaca que a opção de órgãos coordenadores de políticas educacionais por uma perspectiva de classificação das escolas em "boas" e "ruins" incentiva o individualismo e a competição entre elas. O que causa certo incômodo para os estudiosos que discutem as propostas de avaliações externas é a incoerência entre o que tem sido defendido – em relação à avaliação da aprendizagem (avaliação no processo,

AVALIAÇÃO

formativa, que desencadeie o desenvolvimento dos alunos de modo a combater a exclusão, discriminação e quantificação) e ao incentivo do trabalho coletivo – e o modo como tais avaliações são realizadas.

No que concerne aos usos dos resultados dessas avaliações, é bastante pertinente a menção ao ENEM. No caso desse exame, após o término do Ensino Médio, é o aluno que decide sobre sua participação, embora seja realizada uma grande "campanha" pela mídia para que optem por aderir ao "teste" com os argumentos como "seu futuro passa por aqui"; "o ENEM poderá lhe mostrar, enfim, em que áreas *você* precisa caprichar mais para ter sucesso pessoal e profissional"; "desse modo, *você* poderá tomar as decisões mais adequadas aos seus desejos e às suas escolhas futuras" (material informativo do exame divulgado pelo INEP, grifos nossos, citado por Sousa, 2003).[*] Além da ampla divulgação dos períodos de inscrição e da referida "campanha", a mídia socializa os resultados após a prova. Em uma matéria publicada na revista *Veja* (26 de maio de 2004), usou-se um título que evidencia muito bem o caráter assumido por esse exame não apenas para o governo como também para a sociedade: "A receita dos bons alunos" (p.106-108). Embora o artigo informe que segundo pesquisas realizadas os "campeões" (como foram

---

[*] Em reunião de maio de 2009 entre o Ministério da Educação (MEC) e o Conselho Nacional de Secretários de Educação (Consed), decidiu-se que o ENEM será obrigatório para os alunos concluintes do Ensino Médio das escolas públicas a partir de 2010, permanecendo facultativo para os alunos das escolas particulares. Entre as medidas mais expressivas destacam-se: a certificação do Ensino Médio para os alunos das escolas públicas poderá ficar atrelada à realização e aprovação no ENEM; o exame servirá, já a partir deste ano, para o ingresso em universidades públicas e particulares que aderirem à proposta do MEC de uma prova unificada ao invés dos vestibulares. Outro fator importante é que ao tornar-se obrigatório, os resultados do ENEM servirão como uma base para avaliar o ensino nas escolas públicas e acompanhar o desempenho dos alunos, segundo expectativas do MEC. Enseja-se também com o novo formato da prova reestruturar o Ensino Médio, essencialmente o currículo desse nível de ensino. Tendo em vista que essas mudanças estão em curso não terão destaque nas análises apresentadas nesta oportunidade. Isso aponta para o caráter absolutamente transitório das medidas políticas de modo geral e, em particular, sobre avaliação.

designados os melhores nos testes) desse tipo de concurso tenham origem em famílias de renda alta, pais com ensino superior, passem pelas melhores escolas do país, possuam renda familiar acima de 2.600 reais por mês (o que corrobora nossas afirmações anteriores), acaba por responsabilizar os próprios estudantes pelo sucesso escolar, uma vez que, conforme se ressalta, as pesquisas "apontam também que uma combinação de *esforço pessoal* e *investimento na educação* é capaz de minimizar, ou mesmo *anular*, a *desvantagem da baixa renda*" (p.106-107, grifos nossos). Tal menção se fez relevante no interior desse artigo em virtude de o "campeão", que acertou todas as 63 questões e obteve 100 no teste de redação, não ter o perfil indicado: sua mãe é dona-de-casa, deixou os estudos na 6ª série[1] para trabalhar em uma fábrica de tecido, seu pai obteve o diploma universitário aos 45 anos, é representante comercial em uma firma de sabão em pó e ganha cerca de dois mil reais por mês. Romero, o "campeão", estudou na escola particular apenas até o Ensino Fundamental, quando precisou ser transferido para a escola pública.

Ao buscar explicitar a receita do sucesso dos "bons alunos" observa-se, no artigo, que o segredo não é só estudar, mas ler bastante e prestar muita atenção nas aulas. Destaca-se que "a técnica declarada pelos alunos que tiveram um ótimo desempenho no ENEM é simples: prestar atenção nas aulas e fazer em casa, sistematicamente, os exercícios pedidos pelos professores" (p.107). Romero, por exemplo, revela que estudava em casa mais de três horas diárias.

Embora seja informado na matéria que o cruzamento dos dados entre desempenho escolar e situação socioeconômica revela que 80% dos *bons estudantes* estudaram em escola particular e, em virtude de os pais terem boa renda e formação escolar, recebem mais "combustível intelectual" e

---

1 Atual 7º ano do Ensino Fundamental (N. E.).

têm acesso a uma vida cultural mais rica (leem mais de dez livros por ano além dos títulos recomendados pela escola, têm hábito de ler jornais e revistas semanais, já viajaram para o exterior, conforme citado num quadro indicador das características da maioria dos 54 estudantes que obtiveram o melhor desempenho) não se questiona o que parece óbvio. Ou seja, deixa-se implícito o fato de que tudo isso demonstra perversos mecanismos de exclusão numa sociedade em que os "bons alunos" comprovam sua excelência em virtude de suas condições sociais privilegiadas. O objetivo do referido exame seria de compreender e intervir na realidade educacional alterando-a em direção ao seu aperfeiçoamento, já que se trata de uma medida de resultados finais.

Uma prova que se destina a mapear a qualidade do ensino acaba por acarretar uma visão individualizada do processo educacional e fazer com que se atribua ao aluno, individualmente, como se percebe no artigo publicado na *Veja*, a responsabilidade pelas eventuais competências ou incompetências que o exame possa vir a demonstrar (Oliveira, Sousa, 2003, p.883).

A elaboração de instrumentos técnicos de avaliação supõe sempre a busca de um máximo de objetividade e, nesse processo, quase sempre se desconsidera o que não é quantificável. Segundo Dias Sobrinho (1998) opera-se uma simplificação e uma homogeneização da realidade para possibilitar que seja medida, quantificada e comparada.

Entre outras limitações destacadas por estudiosos que tratam da questão, encontram-se a escassez de verbas em alguns países, o que impossibilita o investimento em recursos de informática e de competência técnica para processar as informações advindas dessas avaliações. Pode também ocorrer um estreitamento do currículo, uma vez que para se adaptarem às novas exigências, as escolas tendem a eliminar conteúdos que não se relacionam diretamente aos referenciais curriculares básicos a serem aferidos. Outra consequência das avaliações externas, indicada pelos especialistas, para todos os níveis, consiste na tendência à rigidez curricular, visto que se busca adequar o ensino às cobranças feitas por essas provas. Com base nos resultados obtidos em provas unificadas ou outras, identifica-se o desempenho dos alunos e elegem-se os melhores/piores professores e as melhores/piores escolas.

O impacto dessas avaliações externas é diverso nas várias realidades. No caso da Suécia, por exemplo, onde os sistemas de avaliação incorporam elementos relevantes da cultura escolar e os professores sentem que as avaliações são realizadas a seu favor, os procedimentos utilizados acabam por serem assimilados pelos docentes como um indicativo importante para a eficácia do seu trabalho. Nesse caso, assume-se a complementaridade entre a avaliação externa, entendida como mais restrita, e a do professor e a da escola, que contemplam aspectos mais abrangentes da formação do aluno, o que parece contribuir para reafirmar a dignidade dos professores (Barreto, 2001).

Já na América Latina, as pressões feitas pelos organismos internacionais e as linhas de crédito abertas com o objetivo expresso de implementação de sistemas de avaliação padronizados do rendimento escolar têm ocasionado quase sempre o superdimensionamento das possibilidades dos usos dessas informações na melhoria da qualidade do ensino (Barreto, 2001, p.60). Sobre a questão do uso das informações, há um relativo consenso sobre a necessidade de aparelhar melhor os órgãos gestores dos sistemas escolares de modo a subsidiar as políticas educacionais. No entanto, parece que as informações são utilizadas segundo um crivo político que qualifica ou desqualifica certa natureza de estudos e de dados e torna certas medidas possíveis ou não, dependendo das forças hegemônicas, uma vez que certas

AVALIAÇÃO

informações valiosas para mudanças expressivas no sistema já estão há disponíveis um bom tempo, mas não vêm sendo incorporadas sistematicamente às propostas de governo. Além desse fator, vale apontar as limitações impostas pelos condicionantes da estrutura e funcionamento dos aparatos de ensino, que sofrem falta de recursos para instituir medidas consideradas básicas (Barreto, 2001, p.61).

Embora a justificativa explicitada das avaliações externas seja a garantia da qualidade das instituições dos diferentes níveis, tais avaliações podem ter um caráter punitivo uma vez que diante de um mau desempenho, o governo pode diminuir o investimento de recursos. Essa medida é mais acentuada no que tange às instituições de ensino superior, que se confrontam com critérios para alocação de recursos entre as instituições, estabelecidos a partir dos resultados obtidos nas avaliações.

Em grande parte, a literatura que versa sobre as avaliações externas dedica-se a discriminar equívocos, problemas e incoerência nos modos pelos quais vêm sendo realizadas, desde a década de 1990. No entanto, reconhece que as avaliações externas podem permitir que as instâncias administrativas do sistema apreciem o trabalho realizado pelas instituições. Porém, segundo os especialistas, isso não deve ocorrer meramente levando-se em conta a aplicação de testes de rendimento escolar para os alunos. Propõe-se uma avaliação que permita o crescimento das instituições fortalecendo seu caráter formativo, de modo a promover melhorias efetivas.

Os usos das avaliações no interior das escolas

Ao se observar as práticas de avaliação desenvolvidas no interior da escola vê-se que ora as provas são entendidas como dispositivos importantes, capazes de mostrar quem sabe e quem não sabe ou fazer com que os alunos estudem, ora são vistas como procedimento que evidencia o fracasso dos alunos e deve ser abolido das práticas avaliativas. Talvez muita coisa devesse ser analisada a propósito da elaboração das provas e dos seus usos na vida escolar. O uso das provas para fins de controle disciplinar dos alunos pode ser testemunhado pelas inúmeras vezes nas quais se ouvem afirmações como: "esperem até a prova!"; "se não fizerem silêncio darei uma prova", por exemplo. Outras questões relativamente às provas e seus usos dizem respeito ao que elas medem e verificam, uma vez que a própria natureza dos aprendizados decorrentes da experiência escolar faz supor, de fato, um conjunto de efeitos significativos não passíveis de avaliação e por mais objetivas que sejam as provas elas comportam toda a subjetividade própria das relações que a pessoa que as elabora tem com os conhecimentos ou informações da área. Há, certamente, um conjunto de peculiaridades do aprendizado nas situações educacionais que não é, talvez nem possa ser, levado em conta nessas práticas avaliativas.

Mas o fato é que a prova instaura rituais. Em alguns casos, no dia da prova, o ritual é o seguinte: carteiras impecavelmente ordenadas e checadas pelo professor, nada sobre a carteira, solicita-se silêncio absoluto e ausência de comunicação até mesmo com o próprio professor até que finalmente, como se estivesse manuseando uma grande preciosidade, ele passa a distribuir um papel para os alunos ou os faz copiar da lousa todas as questões até que ordene o início das atividades previstas, muitas vezes, com um nível de dificuldade mais elevado para desafiar os alunos. Segundo Luckesi (2002, p.67), muitas são as variáveis que integram a elaboração da prova:

> Conteúdo efetivamente ensinado; conteúdo que o professor não ensinou, mas que deu por suposto ter ensinado; conteúdos "extras", que o professor inclui no momento da elaboração do teste para

AVALIAÇÃO

torná-lo mais difícil; humor do professor em relação à turma de alunos que ele tem pela frente; a disciplina ou indisciplina social desses alunos; uma certa "patologia magisterial permanente", que define que o professor não pode aprovar todos os alunos, desde que não é possível que todos os alunos tenham aprendido suficientemente todos os conteúdos e habilidades propostos etc.

Assim, muitos elementos se fazem presentes na elaboração do instrumento de avaliação, ainda que grande parte deles não sejam justificados do ponto de vista técnico.

Depois da prova: ao se comunicarem os resultados e, especialmente, com os usos deles feitos [lê-se para toda a classe as notas de todos os alunos, fixam- nas na parede, entrega-se e todos passam a questionar as notas uns dos outros quando o professor não passa a expor tanto os alunos que não alcançaram bons resultados quanto aqueles que obtiveram as notas máximas, o que nos dois casos propicia a instituição de estereótipos daqueles que são os melhores e os piores dentro da turma]. Atentos às notas tiradas, quase não se observam as correções feitas às suas respostas, não existindo espaço para se recorrer ou questionar. Potencializa-se um clima de competição, inveja e inimizades, ao invés de colaboração.

Não é tão usual se refletir, por exemplo, sobre as incidências dos erros por questão, e não há, assim, conscientização acerca dos resultados de modo a retomar uma questão ou um conteúdo que não tenha sido compreendido – e às vezes nem ensinado. A prova é um elemento que atesta somente o que o aluno aprendeu, sem se questionar se o solicitado foi adequadamente ensinado, por exemplo. O grande problema é que, muitas vezes, não há preocupação com a compreensão do que estava errado. Além disso, nem sempre são levadas em conta respostas lógicas do ponto de vista do nível mental das crianças, pois não são o parâmetro.

Tendo em vista a distância entre a teoria e a prática presente em algumas escolas que adotaram a Progressão Continuada ou pretendem uma avaliação formativa, entre os elementos da cultura escolar que precisam ser ressignificados encontra-se a avaliação. Considerando que a Progressão Continuada instaura um tempo maior para a aprendizagem, a avaliação pode assumir papel fundamental no acompanhamento dos processos de aprendizagem dos alunos, conforme indicado no capítulo 1. Nesse caso, não se avalia mais para indicar se o aluno irá ou não "passar" de ano. Pode-se considerar, assim, que se trata de mudança do sentido do que é avaliar e da sua função.

Ao contrário do que se acredita, a concretização de uma avaliação formativa não é incompatível com a atribuição de notas, embora seja esperado por alguns estudiosos que elas sejam substituídas por outros indicadores do desempenho dos alunos. Pode-se dizer que a avaliação formativa tem uma função diagnóstica por identificar onde o aluno está, se diferenciando, assim, da avaliação denominada somativa, que tem o objetivo de certificar e atribuir um valor numérico. Enquanto não haja tal substituição, importa tratar as notas como um referencial de evolução do sujeito ao longo de sua trajetória escolar, levando-se em consideração os componentes biológicos, psicológicos e sociais como condições potencialmente influentes no seu aproveitamento (Araújo, Omote, 2002, p.85).

Se podemos afirmar que na seriação há mecanismos perversos ao se tratar da avaliação, a mesma consideração pode ser verdadeira ao tratarmos da avaliação na Progressão Continuada. Haja vista que ao se tomar a avaliação como "contínua", "processual", ou ainda, quando se diz que "o aluno deve ser avaliado globalmente", não são estabelecidos, muitas vezes, instrumentos capazes de identificar os progressos e as dificuldades dos alunos em seu processo de aprendizagem. Tão perverso quanto um aluno ser reprovado inúmeras vezes até ser excluído do sistema, é permitir que

AVALIAÇÃO

um aluno seja excluído no interior do próprio sistema uma vez que frequenta as aulas, e certas vezes, depois de anos na escola e não está sequer alfabetizado.

Ao se darem conta de que muitos alunos passam anos na escola e não são nem mesmo alfabetizados, alguns educadores defendem o retorno da reprovação. Mas será que o fato de ser reprovado garantiria que, ao refazer a série, o aluno superasse as dificuldades pelas quais havia sido retido? Pesquisas realizadas evidenciam que nem sempre. Segundo Silva e Davis (1993), as crianças brasileiras, consideradas bem-sucedidas pelos nossos padrões de repetência, quando comparadas às dos outros países incluídos na amostra, alcançaram desempenho superior apenas às de Moçambique. De acordo com pesquisas realizadas no período em que ainda havia a organização do sistema educacional em séries, os alunos brasileiros que conseguiam atingir séries mais avançadas do Ensino Fundamental, contrariando o esperado, apresentavam, em sua maioria, dificuldades na expressão oral, na compreensão de textos e no domínio das operações matemáticas básicas.

Assim, é preciso considerar que o que está em jogo não é o reprovar ou não, ter ciclos ou não, mas os usos e sentidos que a avaliação continua tendo – pautada em notas, sendo classificatória e meritocrática. Embora se defendam outras formas de avaliar, e se mude de perspectiva, muitas práticas ainda são pautadas em concepções de avaliação incorporadas à cultura escolar no fim do século XIX, mencionadas no capítulo 1. Da mesma forma que na seriação, na Progressão Continuada e Ciclos pode-se promover a responsabilização dos alunos pelos próprios fracassos: alega-se que as oportunidades foram dadas – recuperações, reforços, atividades extras etc.

4 Avalia-se para melhorar

Serão exploradas aqui as perspectivas mais recentes da questão, as propostas que têm sido feitas para avaliar as escolas, os professores, os alunos e outros sujeitos com vistas a melhorar os processos de aprendizagem e ensino e as próprias instituições. Trata-se de examinar, em especial, as dimensões políticas da avaliação, cuja análise iniciou-se no capítulo anterior.

No quadro das sociedades contemporâneas ganharam força as práticas avaliativas com vistas a permitir melhores formas de organização e administração de recursos humanos e materiais. Acerca dessa concepção das avaliações ligadas ao aperfeiçoamento da exploração do trabalho e ao esforço de justificar situações sociais existem inúmeros estudos, tanto para propor a melhoria dessas práticas, quanto para identificar seus fundamentos e estabelecer as críticas a sua utilização. Como vimos mostrando até aqui, na área das pesquisas educacionais desenvolvem-se amplos e variados estudos buscando aperfeiçoar e criticar processos de avaliação. Entre as grandes contribuições ao entendimento dos limites e riscos de tais processos no domínio da educação, o estudo de Nöelle Bisseret "A ideologia das aptidões naturais" exemplifica bem, a propósito do exame da noção de "aptidão" e de seus usos na psicologia e no ensino, como se podem sustentar, de modo legitimado por certas correntes

AVALIAÇÃO

científicas, práticas de justificação das desigualdades sociais e escolares.

Em termos coincidentes, Maria Helena Patto (2000) num trabalho intitulado "Para uma crítica da razão psicométrica" nos lembra que

> noções naturalizadas e matematizadas de diferenças individuais e grupais de capacidade psíquica foram elaboradas a partir de condições sócio-históricas determinadas que é preciso desvendar. Foi dessa perspectiva que se pôde fazer a crítica da cruzada psicométrica do começo do século XX e da 'teoria' da carência cultural; foi a partir dela que se pôde desvelar a visão de mundo da burguesia triunfante oitocentista incrustada na crença da distribuição meritocrática das pessoas nos lugares sociais, concepção que preside as classificações valorativas da inteligência e personalidade; foi ela que permitiu perceber que o conceito ideológico de aptidão natural faz parte dos processos reprodutivos das sociedades capitalistas... (p.76).

A tradução prática dessa "cruzada psicométrica" no domínio educacional acabou por consolidar a avaliação no sentido identificado por Dias Sobrinho (2002, p.20-21), que assinala:

> [...] o primeiro grande significado de avaliação que se foi consolidando em boa parte do século XX corresponde à ideia de técnica de elaboração de instrumentos para medir, classificar, selecionar e quantificar, com credibilidade e fidelidade, os rendimentos dos estudantes individualmente.

Como já se disse, no âmbito da avaliação da aprendizagem, sustenta-se que ela é imprescindível para identificar os conteúdos nos quais os alunos enfrentam maiores dificuldades, para que sejam retomados, e identificar os alunos que necessitam de aulas de reforço e recuperação. É entendida, assim, como possibilidade de superar dos problemas durante o próprio processo do aprendizado, numa tentativa de romper com as práticas enraizadas que situam a avaliação somente no final das etapas de ensino. Quando se defende uma avaliação contínua, entende-se que os alunos devem ser avaliados no início, durante e no fim dos vários períodos e subperíodos de ensino.

Portanto, é um equívoco pensar que tomamos conhecimento desses processos somente por "observações" dos alunos ao realizarem atividades em sala, observações essas nem sempre dirigidas e registradas. Ao se examinarem propostas de avaliações previstas em planos de ensino ou projetos das escolas, é comum constar, no campo destinado ao modo como se procederá a avaliação, expressões como "contínua"; "processual"; "qualitativa"; "se dará por observações"; "participação dos alunos"; "envolvimento"; "comprometimento" entre outras tantas que indicam a valorização não apenas de momentos específicos destinados a avaliar, como também do conjunto de comportamentos que os alunos exibem quando estão na escola. À primeira vista, tais menções estão em consonância com os pressupostos teóricos que defendem que a aprendizagem se dá ao longo de um processo, sendo portanto necessário que os educadores não apenas identifiquem as apropriações dos educandos de modo a promover a superação das dificuldades apresentadas, como também favoreçam novas apropriações. Porém, infelizmente, nem sempre o fato de se registrarem as referidas expressões significa que as práticas realizadas observam os preceitos expressos pelas teorias acerca do desenvolvimento da aprendizagem, conforme presentes nos discursos dos planos e projetos pedagógicos.

Os modos de avaliar evidenciam os princípios que norteiam a ação pedagógica e administrativa. Assim, é preciso reconhecer que as práticas de avaliação devem estar em consonância com as concepções de conhecimento, aprendizagem, ensino, papel do aluno, do professor, da escola etc., as quais devem ser explicitadas na proposta pedagógica das escolas de modo a nortear o trabalho realizado pela equipe.

Assim, parece que um dos entraves a ser superado para que a avaliação funcione bem é justamente alcançar essa coerência entre as várias instâncias e dimensões do processo educacional e de aprendizagem. Acrescenta-se a isso o fato de que, no que tange à situação de ensino, em muitas circunstâncias a avaliação sobrecarrega os professores. Dependendo de fatores como o nível de ensino, o número de alunos por sala e o número de horas de aulas dos professores, é evidente que se alteram as possibilidades de acompanhamento, observação, avaliação e retomada de dificuldades dos alunos. Apenas para exemplificar, no próprio ensino superior, observa-se que criteriosas correções de trabalhos e indicação precisas de aspectos a serem aperfeiçoados em avaliações que admitem dois momentos podem ser extremamente férteis. Num primeiro momento, faz-se a correção sem a atribuição de notas, apontando minuciosamente todas as alternativas de melhoria na elaboração dos trabalhos e num segundo momento permite-se que sejam refeitos com base nas sugestões e em outras hipóteses de revisão reconhecidas e criadas pelos próprios estudantes. Nessas circunstâncias, os alunos tendem a se empenhar muito, investindo com seriedade na superação dos problemas. A questão é que, nesses casos, como no de outros níveis de ensino, esse conjunto de bons procedimentos de avaliação depende do tempo e da disponibilidade dos professores. Mas, certamente, há circunstâncias que poderiam ser apropriadas para se articularem condições favoráveis a uma avaliação mais cuidadosa.

Nesse caso, cabe sublinhar que modos de trabalho escolar alternativos poderiam ser criados para oferecer auxílio aos professores, quer de estagiários quer de sujeitos que atuem com o docente no acompanhamento dos processos de avaliação. Sempre se poderia, ainda, lembrar que um número maior de horas/aula remuneradas e o estímulo à invenção de novos métodos de ensino, como regra, dão condições de trabalho também devem funcionar bem. Em muitas situações, considera-se que especificidades técnicas sobre como avaliar melhor, e treinamento e formação docentes nessa área dariam conta de resolver as questões. Dadas as particularidades do sistema brasileiro de educação, não se pode deixar de considerar que as condições concretas de exercício do trabalho dos professores, na maioria dos casos, em nada colaboram para que eles possam se dedicar a conceber novos e mais cuidadosos modos de proceder ao ensino e à avaliação.

Novos modos de concretizar as correções podem colaborar para que se preservem as próprias funções essenciais da avaliação defendida por vários estudiosos da área, dentre elas as de propiciar a autocompreensão da amplitude e limites vivenciados no processo de aprendizagem; motivar o crescimento mediante a análise qualitativa das respostas dos alunos e manifestar aos educadores e aos educandos a qualidade da sua possível aprendizagem (Depresbiteris, 2002, p.39). Convém ressaltar a importância do comentário acerca dos resultados obtidos na avaliação para que os alunos entendam suas próprias formas de pensar, ao compreenderem a natureza do erro cometido, uma vez que podem ter errado por variadas razões: desmotivaram-se e não terminaram a tarefa; distraíram-se; a questão era muito difícil ou não estava bem formulada; não compreenderam o conteúdo... Assim, as correções das avaliações também são questionadas por aqueles que se dedicam ao tema: as meras indicações de marcas como *certo* e *errado* ou marcas sem comentários são ineficientes para o aluno compreender aquilo que não entendeu. Todos os professores sabem disso, entretanto, nem sempre, tal consciência engendra uma maneira mais clara e fértil de indicação de onde é possível melhorar.

Para tornar possível uma avaliação produtiva, é necessário definir com clareza qual é o padrão de qualidade que se espera dos alunos, após serem submetidos a determinada aprendizagem, o que segundo Luckesi (2002, p.72-73) significa estabelecer o *mínimo necessário* a ser aprendido daquilo que se está ensinando. Conforme destaca esse autor, uma vez definido o mínimo necessário, evita-se a variabilidade de julgamento, que quase sempre se dá pelo estado de humor de quem está julgando, o que pode tornar as práticas de avaliação arbitrárias.

Estabelecendo-se um acompanhamento efetivo e garantindo-se momentos significativos de recuperação ao longo do processo, bem como no final, a possibilidade de ir para a etapa seguinte será sustentada não pelas médias, mas pelo crescimento ocorrido, identificado e possibilitado pela escola (Favero, 1995). Como se percebe, a mera supressão das provas não garante que ocorram mudanças efetivas nos modos de conceber as avaliações.

Segundo explicitado na LDB/96, de posse dos dados efetivos acerca do desenvolvimento dos alunos, deve-se providenciar para que aqueles que apresentam dificuldades participem de recuperações paralelas durante o ano letivo, como já se destacou, mas isso não significa acabar com os momentos destinados às recuperações no final de um período ou do ano letivo. Mais uma vez, é preciso pensar no sentido desses momentos no contexto das propostas de avaliar. De pouco adianta ao aluno frequentar um número de horas maior de aulas com outro professor se não forem realizadas ações efetivas para sanar suas dificuldades. Mas, de acordo com os relatos constantes de professores, os "reforços" (como são chamados os momentos específicos dedicados a sanar os problemas da aprendizagem) acabam constituindo

DENICE BARBARA CATANI · RITA DE CASSIA GALLEGO

processos pouco produtivos do ponto de vista do aprendizado, pois ocorrem, geralmente, de modo desarticulado das atividades cotidianas da classe. Muito frequentemente, reúnem-se os alunos de diferentes turmas sob a regência de apenas uma professora, a qual tem pouco contato com os estudantes, que acabam por trabalhar de maneira isolada.

As perspectivas para melhorar: algumas considerações acerca da cultura organizacional

"Mudar a avaliação significa provavelmente mudar a escola". É com essa frase que Perrenoud (1993, p.173) inicia o texto "Não mexam na minha avaliação: para uma abordagem sistêmica da mudança pedagógica". Tal afirmação está pautada no fato de que as práticas avaliativas encontram-se no centro do sistema didático e do sistema de ensino, assim alterá--las significa "pôr em questão um conjunto de 'equilíbrios frágeis' e parece representar uma vontade de desestabilizar a prática pedagógica e o funcionamento da escola". Efetivamente, para o referido autor, não é possível realizar novas práticas sem se deter nos obstáculos representados pelas várias instâncias da vida institucional e sem desencadear outras mudanças.

Cabe observar que Perrenoud considera difícil concretizar a avaliação formativa sem que se possam diferenciar os modos de ensinar de acordo com as peculiaridades dos alunos. As condições de trabalho, o número de alunos nas turmas, a sobrecarga dos programas, a rigidez dos horários ou outras imposições acabam fazendo do ensino expositivo uma regra.

Para esse autor, as mudanças das práticas de avaliação devem ser acompanhadas por uma transformação do ensino e da gestão das turmas, além de uma atenção especial aos

AVALIAÇÃO

alunos com dificuldades. A rigidez dos horários escolares e dos programas obriga a que se ofereça o mesmo a todos os alunos. Nos quatro últimos anos do Ensino Fundamental e no Ensino Médio acumulam-se outras desvantagens como a fragmentação excessiva do tempo escolar, a divisão de trabalho entre especialistas, sem que haja percepção integrada dos níveis de desenvolvimento dos alunos, horários dos professores sobrecarregados e impossibilidade de se oferecer apoio dentro dos limites de um horário compartimentado.

Desse modo, discutir mudanças nas práticas de avaliação implica discutir, ainda, a cultura da organização escolar e colocar em questão os modos individualistas e o trabalho isolado que têm marcado historicamente a profissão docente em todos os níveis de ensino. Para Perrenoud (1993), a avaliação formativa precisa conduzir a uma diferente divisão do trabalho e uma partilha das tarefas entre os professores, de modo que sejam superados os obstáculos entre os vários graus e se instaure a colaboração dos professores que ensinam em classes paralelas ou na mesma disciplina.

Do ponto de vista da administração escolar, na perspectiva da avaliação formativa, pode haver maior influência sobre a qualidade do ensino uma vez que há possibilidade de reunir informações mais precisas acerca do que os alunos sabem realmente. Nessa perspectiva, mais do que comparar taxas de insucesso ou médias de turma, podem-se comparar aquisições efetivas (Perrenoud, 1993, p.182).

Como se pode observar nos textos dirigidos ao tratamento da avaliação educacional, a preocupação deixa de ser exclusivamente os alunos e a questão técnica de medir o seu rendimento. As condições de trabalho em que é oferecido o ensino, a formação dos professores e as suas condições de trabalho, o currículo, a cultura e a organização da escola e, ainda, as atitudes de seus dirigentes e demais agentes educacionais ganham destaque (Barreto, 2001, p.49). Tal como ocorre no caso de outras mudanças propugnadas para o funcionamento da vida escolar, a condição principal para o êxito da implantação de práticas avaliativas mais justas é a de que fatores como os identificados possam ser, simultaneamente, transformados.

Os estudos em voga apostam numa perspectiva de avaliação institucional que enfatize o diálogo, a participação, a elaboração coletiva das propostas de mudança, o estabelecimento de relações menos hierarquizadas e mais democráticas entre as diferentes instâncias. Além dos dados das avaliações externas recebidos pelas escolas, é enfatizada a importância de as equipes discutirem constantemente a implantação da proposta pedagógica da escola, verificarem se as metas têm sido alcançadas, analisarem o trabalho dos professores, examinarem os resultados das avaliações realizadas pelos alunos, cuja lógica é semelhante à da avaliação da aprendizagem – possibilitar o crescimento e o aperfeiçoamento das ações.

A avaliação dos professores é incentivada, uma vez que permite a indicação das dificuldades que estão enfrentando para que sejam oferecidos subsídios nas reuniões pedagógicas, para que se possam igualmente identificar quais práticas pedagógicas devem ser revistas etc. (Davis, Grosbaum, 2002, p.103).

No que diz respeito aos dados coletados das escolas em decorrência das avaliações externas, estudiosos como Freitas (2003b) defendem que as informações sejam utilizadas de modo a levar em conta a relação entre as condições oferecidas às escolas e os resultados atingidos. O autor sugere que se diagnostique a real posição de uma escola, mobilizando-a internamente para atingir um patamar superior, com base na análise local das condições oferecidas e dos resultados obtidos. Isso porque, do modo como tem sido realizada a avaliação, as informações geradas são de difícil uso local, uma vez que assumem contornos de classificação entre as escolas (p.78). No mesmo sentido, Machado (2000) defende que cada instituição deve ser cobrada de forma a realizar da melhor forma possível aquilo que se dispôs a realizar, ou seja, o seu projeto. Assim, não se pode exigir de todos o cumprimento das mesmas metas, ou não se pode exigir que tenham os mesmos objetivos e que alcancem os mesmos resultados.

Tanto nas propostas voltadas para a avaliação da aprendizagem quanto naquelas voltadas para a avaliação institucional, muitos estudiosos incentivam a produção de autoavaliações. Tradicionalmente associada às pedagogias chamadas não diretivas (Rogers e Neill, por exemplo) em que se busca minimizar a ação do outro ou do professor sobre o educando de modo a favorecer o desenvolvimento da autonomia dos sujeitos, da capacidade de autogovernar-se e de autoformar-se, a autoavaliação conhece defensores mais enfáticos, entre nós, nas décadas de 1960 e 1970. As propostas de autoavaliação aparecem como decorrência necessária das pedagogias que privilegiam os sujeitos como produtores de sua própria educação. A ideia de constituir procedimentos que auxiliem os sujeitos a identificarem seus próprios erros e acertos, estabelecerem a crítica sobre seu próprio desempenho de maneira a transformar ou alterar o que ainda deixe a desejar, assim como outras práticas de avaliação, exige atenção para o desenvolvimento dessas atitudes e dos critérios a serem construídos para pautar a ação de autoavaliação.

Decerto se pode pensar em formas produtivas de avaliar com o fim de poder mostrar aos alunos onde é possível melhorar, o que é preciso estudar mais, como estudar para sanar uma dificuldade, como estudar para aprender realmente e coisas assim, porém tudo isto fica na dependência da elaboração de formas de ensinar e avaliar que levem em conta, simultaneamente, as especificidades dos conhecimentos a serem aprendidos, as relações estabelecidas com esses conhecimentos e a percepção de sua construção e da sua capacidade de explicar a realidade, do sentido social de tais explicações, das especificidades do sujeito que aprende, suas condições psicológicas, idade, nível, conhecimentos anteriores, história de formação etc. Isso supõe, certamente, não só uma boa formação dos professores, que os torne aptos a terem atenção para com esses entrecruzamentos, como supõe condições adequadas para o exercício do trabalho e, sem dúvida, possibilidades de uso do tempo para a elaboração e a correção das atividades que avaliam, com vistas a identificar onde é possível melhorar.

No quadro das dificuldades para a mudança das práticas reconhece-se o fato de que, nem sempre, a própria formação dos professores colabora para que eles assimilem concepções rigorosas e desenvolvam relações férteis com os conhecimentos e os processos de aprender. Suas próprias histórias de formação são, muitas vezes, impregnadas por representações inquestionadas acerca da vida escolar, do ensino, das práticas avaliativas e dos lugares sociais e institucionais de professores e alunos. Como tais histórias, sabemos bem, ressoam de modo constante na configuração do trabalho docente desses sujeitos, fica clara a necessidade de favorecer situações de formação nas quais se oportunizem a elaboração e a reflexão das histórias e narrativas de formação docentes.

> Reconhecimento sem o qual
> todas as avaliações são inúteis...

O ofício de instruir é então a gestão permanente de grupos heterogêneos, desses grupos nos quais é preciso tornar suportável o escândalo recorrente de uma injustiça: porque alguns sabem fazer em alguns minutos e quase sem esforço o que outros só conseguem dominar à custa de um trabalho interminável. Não é

AVALIAÇÃO

espantoso que essa questão tenha se tornado tão urgente numa sociedade na qual a rentabilidade da escola é espontaneamente pensada sobre o modelo industrial, mesmo se se concorda que os alunos não são exatamente matérias-primas a serem transformadas e com relação aos quais se poderia comparar bem precisamente o valor acrescentado pela escolarização como os custos da produção. Mesmo se o tempo da formação for o do dinheiro, se instruir é sempre um "ofício" é porque não se consegue fazer a revolução industrial na vida escolar. Ainda que as tecnologias mais sofisticadas penetraram nas classes, elas são apenas instrumentos entre outros (computadores ao lado de lápis, vídeo ao lado de cadernos) para conduzir um trabalho cuja natureza continua prodigiosamente artesanal e estável na longa duração, mesmo que se modifiquem suas missões políticas e suas funções sociais (Chartier, 1990, p.35-36).

Glossário

Avaliação diagnóstica: segundo os estudiosos da área, tem o objetivo de identificar a presença ou não de conhecimentos prévios, interesses, necessidades, dificuldades de aprendizagem e suas possíveis causas, de modo que se possam redirecionar as intervenções.

Avaliação formativa: segundo os estudiosos, essa modalidade de avaliação visa favorecer o desenvolvimento dos alunos, com base na realização de avaliações sistemáticas de modo a identificar as formas em que está ocorrendo a apreensão do conhecimento. Os alunos devem participar e estar conscientes dos seus processos de aprendizagem. Valoriza o processo de aprendizagem.

Avaliação somativa: tem a função de classificar o aluno segundo o seu rendimento expresso por notas. Valoriza o produto final.

Cultura escolar: consiste num "conjunto de normas que definem conhecimentos a ensinar e condutas a inculcar, e um conjunto de *práticas* que permitem a transmissão desses conhecimentos e incorporação desses comportamentos; norma e práticas coordenadas a finalidades que podem variar segundo as épocas (finalidades religiosas, sociopolíticas ou simplesmente de socialização)" (Julia, 2002, p.10). Outra explicação para este termo é: "conjunto de aspectos institucionalizados que caracterizam a escola como organização", incluindo, "práticas e condutas, modos de vida, hábitos e ritos – a história cotidiana do fazer escolar –, objetos materiais – função, uso, distribuição no espaço, materialidade física, simbologia, introdução, transformação, desaparecimento [...]–, e modos de pensar, assim como significados e ideias compartilhados" (Frago, 1995, p.68-69).

Capital cultural: expressão utilizada pelo sociólogo Pierre Bourdieu para designar o conjunto de bens culturais que podem ter forma ma-

AVALIAÇÃO

terial, institucional ou ligadas às disposições dos sujeitos e que tem um valor na vida social.

Grupo escolar: instituídos em 1893, em São Paulo, instauraram um modelo de organização considerado mais racionalizado e padronizado com o objetivo de atender um grande número de crianças. Caracterizavam-se como escolas graduadas, pautadas na classificação dos alunos por nível de conhecimento, reunindo num mesmo prédio várias salas de aula e vários professores, possibilitando ministrar o mesmo conteúdo a todos os alunos de uma classe/série (Souza, 1998).

Meritocracia: termo usado para referir-se a regime ou organização baseado em méritos ou valores associados aos indivíduos.

Progressão Continuada: constitui um modo de organização escolar que rompe com a estrutura da seriação e garante o progresso ininterrupto do aluno. Essa proposta é sustentada pela avaliação contínua do processo de ensinoaprendizagem, devendo incorporar mecanismos de recuperação contínua e paralela, mediante os resultados obtidos pelos alunos. Aqui não se fundamenta uma avaliação que visa meramente verificar se o aluno aprendeu ou não, mas ganha destaque a avaliação formativa cuja função é garantir que o aluno aprenda (André, 2002, p.191).

Exame Nacional do Ensino Médio (ENEM): consiste num exame dirigido aos alunos egressos do Ensino Médio.

Exame Nacional de Desempenho de Estudantes (ENADE): faz parte do Sistema Nacional de Avaliação da Educação Superior (SINAES) e tem como intuito verificar o rendimento dos alunos dos cursos de graduação no que concerne à apreensão dos conteúdos previstos, suas habilidades e competências (fonte INEP).

Sistema Nacional de Avaliação da Educação Superior (SINAES): criado pela Lei nº 10.861, de 14 de abril de 2004, é formado por três componentes centrais: a avaliação das instituições, dos cursos e do desempenho dos estudantes.

Sugestões de leitura

Discussões voltadas às políticas públicas e às questões institucionais

1. AFONSO, A. J. *Políticas educativas e avaliação educacional* . Braga: Universidade do Minho, 1998.; BARRETO, E.S.S. A avaliação na educação básica entre dois modelos. *Educação e Sociedade*, ano XXII, agosto/2001, nº 75, p.48-66.; BELLONI, I.; MAGALHÃES, H.; SOUSA, L.C. *Metodologia de avaliação em políticas públicas*. São Paulo: Cortez, 2003.; GATTI, B. A. Testes e avaliações do ensino no Brasil. *Educação e Seleção*, n.16, p.33-42, 1987.; e SOUSA, S.M.Z.L..; OLIVEIRA, Romualdo P. Políticas de avaliação da educação e quase mercado no Brasil. *Educação e Sociedade*, v.24, setembro/2003, n.84, p.873-895.

   Esses trabalhos auxiliam a compreender as relações entre as medidas políticas, de modo particular sobre avaliação, e as concepções de educação que norteiam essas medidas. Ajudam a situar as discussões acerca da avaliação numa perspectiva política.

2. ANDRÉ, M. E. D. A. de. A avaliação na escola e da escola. *Cadernos de Pesquisa*, São Paulo, ago. 1990, n.74; ANDRE, M. E. D. A. Questões Metodológicas na Investigação dos Saberes Docentes sobre Avaliação. In: Alexandre Shigunov Neto e Lizete S.B. Maciel. (Org.). *Desatando os nós da formação docente*. Porto Alegre: Mediação, 2002, p.65-78.; DAVIS, C.; GROSBAUM, M.W. Sucesso de todos, compromisso da escola. In: VIEIRA, S.L. (org.). *Gestão da escola: desafios a enfrentar*. Rio de Janeiro: DP&A, 2002, p.77-102.

   Os textos indicados contribuem para pensar a avaliação em suas relações com a instituição escolar. Trazem discussões que

AVALIAÇÃO

inscrevem a avaliação como uma temática a ser tratada pela escola, a qual precisa tomar decisões no âmbito também coletivo. Inspiram, ainda, a discutir a avaliação da própria escola.

4. FREITAS, L.C. de (org.). *Avaliação: construindo o campo e a crítica*. Florianópolis: Insular, 2002. e FREITAS, L.C. de (org.). *Questões de avaliação educacional*. São Paulo: Komedi, 2003a.

Obras nas quais são apresentados elementos importantes do debate contemporâneo acerca da avaliação, em todas as suas modalidades. Incluem trabalhos dos principais estudiosos brasileiros e situam de modo apropriado contribuições relevantes ao estudo da questão.

3. DIAS SOBRINHO, José Dias. Avaliação institucional: marcos teóricos e políticos. *Avaliação*, ano 1, nº 1, jul/1996, p.15-24. DIAS SOBRINHO, J. "Avaliação institucional da Educação Superior: fontes externas e fontes internas". *Avaliação*, v. 3, nº 4, dez./1998, p. 29-35. e DIAS SOBRINHO, J. Campo e Caminhos da Avaliação: a avaliação educacional superior no Brasil. In: FREITAS, L. C. de (org.). *Avaliação: construindo o campo e a crítica*. Florianópolis: Insular, 2002, p.13-62.

Trabalhos que ajudam a compreender a problemática das avaliações no ensino superior e a avaliação institucional de um modo geral.

Avaliação da aprendizagem realizada pelos professores

1. CARRARA, K.; RAPHAEL, H.S. (orgs.). *Avaliação sob exame*. Campinas: Autores Associados, 2002, p.83-102. Destacam-se os textos: ARAÚJO, R.C.T.; OMOTE, S. Análise de notas escolares: uma abordagem ecológica.; CHACON, M.C.M.; OMOTE S. Atribuição de notas a redações de alunos de primeiro ciclo do ensino fundamental.; DEPRESBITERIS, L. Avaliação da aprendizagem: uma nova prática implica nova visão do ensino., FABRON, E.M.G.; OMOTE, S. Significado da avaliação de aproveitamento escolar para o aluno.; GARITA, R.M.S. Podemos ser conscientes quando avaliamos?; GUILHERME, C.C.F.; MARIN, A.J.; MONTEIRO, M.I. et. al. Escolas e regras: avaliação em foco.; e RAPHAEL. H.S. Das práticas utilitárias à práxis avaliatória: uma travessia árdua.

O livro como um todo e, de modo especial, os trabalhos indicados colaboram de modo significativo para pensar sobre as práticas avaliativas em sala de aula. Sendo fruto de pesquisas com alunos, professores, atividades produzidas pelos alunos, entre outras potencializa reflexões acerca do sentido que avaliação ganha para além da quantificação e do cumprimento da burocracia escolar.

2. FAVERO, L. Avaliação escolar: tropeço ou ajuda? *Revista de Educação CEAP*, ano 3, n.8, Fevereiro/1995.; FERREIRA, L. *Retratos da avaliação: conflitos, desvirtuamentos e caminhos para a superação*. Porto Alegre: Mediação, 2002., FLETCHER, P. Propósitos da avaliação educacional: uma análise das alternativas. *Estudos em Avaliação Educacional*, São Paulo, jan./jun. 1995, n.11.; e LIMA, A.O. *Avaliação escolar: julgamento ou construção?*. Petrópolis: Vozes, 1994.; SOUSA, S.M.Z.L. Avaliação escolar e democratização: o direito de errar. In: AQUINO, J.G. *Erro e fracasso na escola: alternativas teóricas e práticas*. São Paulo: Summus, 1997.

As discussões presentes nos trabalhos mencionados auxiliam na reflexão sobre os objetivos que a avaliação tem assumido no contexto escolar e nas várias disciplinas e traz contribuições relevantes para se pensar os propósitos da avaliação escolar.

3. HOFFMANN, J. Avaliar para promover: as setas do caminho. Porto Alegre: Mediação, 2001. e LUCKESI, C.C. *A avaliação da aprendizagem escolar*. São Paulo: Cortez, 2003. NÓVOA, A.; ESTRELA, A. (orgs). *Avaliações em educação: novas perspectivas*. Portugal: Porto Editora, 1993, 191p.

Contribuições acerca da questão das avaliações da aprendizagem. Situam bem os fundamentos e práticas contemporâneas na escola brasileira.

4. PERRENOUD, P. Não mexam na minha avaliação! Para uma abordagem sistêmica da mudança pedagógica. In: NÓVOA, A. *Avaliações em Educação: novas perspectivas*. Portugal: Porto Editora, 1993, p.171-191.

Texto no qual o autor mobiliza uma análise integradora das dimensões da vida escolar de modo a que se compreenda possibilidades e limites das transformações das práticas avaliativas na escola.

5. SOUSA, S.M.Z.L. Avaliação da aprendizagem nas pesquisas no Brasil de 1930 a 1980. *Cadernos de Pesquisa*, agosto de 1995, n.94, p.43-49. SOUSA, S.M.Z.L. Avaliação da aprendizagem: análise de

pesquisas produzidas no Brasil, no período de 1980 a 1990. *Revista da Faculdade de Educação*, v.22, n.1, jan-jun/1996, p.111-144.

Sousa apresenta contribuições muito significativas nos textos indicados na medida em que traz balanços sobre pesquisas desenvolvidas sobre a avaliação da aprendizagem entre os anos de 1930 e 1990, o que permite identificar as principais temáticas e concepções presentes ao longo desse período, marcado por muitas mudanças políticas e educacionais.

Discussões voltadas às relações entre a avaliação da aprendizagem, os ciclos e/ou progressão continuada

1. FREITAS, L. C. *Ciclos, seriação e avaliação: confronto de lógicas*. São Paulo: Moderna, 2003b.; HOFFMANN, J. A avaliação e a nova Lei de Diretrizes e Bases da Educação. In: *Pontos e contra-pontos: do pensar ao agir em avaliação*. Porto Alegre: Mediação, 1998, p.33-48.; OLIVEIRA, Z.M.R. de. *Progressão Continuada: novos paradigmas para que a cara da escola seja realmente nova*. Texto apresentado no Curso de Capacitação de diretores de escola ingressantes, promovido pela Secretaria de Estado da Educação de São Paulo, em julho e agosto de 1998.; MAINARDES, J. A promoção automática em questão: argumentos, implicações e possibilidades. In: *Revista Brasileira de Estudos Pedagógicos*. v.79, n.192, maio/agosto, 1998.; PENIN, S. T. de S. Qualidade de ensino e progressão continuada. A Construção da Proposta Pedagógica a Escola de Cara Nova Pl 2000, São Paulo, p.30-39, 2000.; SILVA, R.N., DAVIS, C. É proibido repetir. *Estudos em Avaliação Educacional*. São Paulo, Fundação Carlos Chagas, v.7, 1993.; e SOUSA, S.M.Z.L.; ALAVARSE, O.M. A avaliação nos ciclos: a centralidade da avaliação. In: FREITAS, Luiz Carlos de (org.). *Questões de avaliação educacional*. São Paulo: Komedi, 2003, p.71-96.

O exame da questão da avaliação é realizado pelos autores em relação com as mudanças estruturais ocorridas no modo de organização escolar promovidas pelo estabelecimento da Progressão Continuada e dos Ciclos em alguns estados brasileiros, como em São Paulo. Explicitam as principais implicações dessas mudanças para as práticas de avaliação da aprendizagem. Os estudos indicados contribuem de modo significativo para desfazer confusões na comparação entre a Progressão Continuada e a Promoção Automática, ou ainda o equívoco de que nos ciclos e na Progressão Continuada não se avalia, por exemplo.

Avaliação, as relações entre professores e alunos, subjetividade e a produção de êxitos e fracassos

1. ANDRÉ, M.E.D.A. de. Avaliação escolar: além da meritocracia e do fracasso. *Cadernos de Pesquisa*, novembro de 1996, n.99, p.16-20.; BOURDIEU, P.; PASSERON, J.C. *A reprodução: elementos para uma teoria do sistema de ensino*. Rio de Janeiro: Francisco Alves, 1992.; JACOBSON, L.; ROSENTHAL, R. Profecias autorrealizadoras na sala de aula: as expectativas dos professores como determinantes não intencionais da capacidade intelectual dos alunos. In: PATTO, M.H.S. (org.). *Introdução à psicologia escolar*. São Paulo: Casa do Psicólogo, 1997, p.258-295.; PIAGET, J. *O possível e o necessário*. Porto Alegre: Artes Médicas, 1985.; e SOARES, M.B. Avaliação Educacional e clientela escolar. In: PATTO, M. H. S. (org.). *Introdução à psicologia escolar*. São Paulo: Casa do Psicólogo, 1997.

   A avaliação escolar foi e ainda é muito marcada pelos julgamentos dos professores das capacidades intelectuais dos alunos; julgamentos esses que podem potencializar mais ou menos as capacidades intelectuais dos estudantes. Tais julgamentos são calcados, muitas vezes, na posição social ocupada pelos alunos. Os autores indicados contribuem de modo expressivo com a análise de algumas práticas de avaliação arraigadas no cotidiano escolar, de modo a promover uma reflexão sobre o papel e a função que a avaliação e as notas devem cumprir na formação dos sujeitos. Atentam para o papel perverso que certas vezes a avaliação assume no desenvolvimento intelectual dos sujeitos dentro e fora da escola.

2. BISSERET, Nöelle. A ideologia as aptidões naturais. IN: DURANT, José Carlos Garcia (org.). *As funções ideológicas da escola: educação e hegemonia de classe*. Rio de Janeiro: Zahar, 1979.

   Texto que explica como a noção de "aptidão" foi incorporada pelos discursos da Psicologia e da Pedagogia, passando a ser um

AVALIAÇÃO

conceito central para a avaliação dos sujeitos e sua classificação, prestando-se a um uso ideológico com o que se justificam desigualdades sociais.

3. BOHOSLAVSKY, R.H. A psicopatologia do vínculo professor--aluno: o professor como agente socializador. In: PATTO, M.H.S. (org.). *Introdução à psicologia escolar*. São Paulo: Casa do Psicólogo, 1997, p.320-341.; CHARTIER, A.M.. *En quoi instruire est un métier. Le métier d'instruire. Colloque de La Rochelle*. Paris: Centre National de Documentation Pédagogique, mai./1990, p.21-38.; LEITE, D.M. Educação e relações interpessoais. In: PATTO, M.H.S. (org.). *Introdução à psicologia escolar*. São Paulo: Casa do Psicólogo, 1997, p.234-257.; MACHADO, N.F. *Educação: projetos e valores*. São Paulo: Escrituras, 2000.; e MORALES, P. A relação professor-aluno: o que é, como se faz. 4ed., São Paulo: Loyola, 2003.

Os trabalhos indicados promovem discussões pertinentes sobre os vínculos entre professores e alunos e na natureza desses. Assim como trazem à tona as relações dessas com a função da escola e da educação. Muitas vezes revestido de um poder exacerbado, os professores podem acabar por agir de modo desmedido, conforme demonstra bem Bohoslavsky. A mesma relação é retomada por Chartier que entende a docência como um ofício, no qual administrar as diferenças, fracassos e injustiças é uma constante. Tais discussões inscrevem as práticas de avaliação no seio de uma problemática maior que é a das relações interpessoais e os valores que estão presentes nas instituições educativas.

4. BOURDIEU, P.; SAINT-MARTIN, M. de. As categorias do juízo professoral. In: CATANI, A.M.; NOGUEIRA, M.A. (orgs.). *Escritos de Educação*. Petrópolis: Vozes, 1998, p.185-216.

Trabalho que examina as formas de construção das categorias usadas pelos professores para avaliar alunos. Examina um caso específico e constrói uma análise extensiva a outras situações de ensino.

5. PATTO, M.H.S. *A produção do fracasso escolar: histórias de submissão e rebeldia*. São Paulo: T. A. Queiroz, 1990.

Os investimentos teóricos e analíticos que percorrem a construção do estudo trazem elementos que esclarecem o quadro das questões de avaliação, nos diversos níveis de ensino, embora, de um ponto de vista empírico, a pesquisa esteja nucleada na escola pública de 1º grau (como era chamado o Ensino Fundamental à época).

Legislação

BRASIL. Lei de Diretrizes e Bases da Educação, n. 9.394/96, 24 de dezembro de 1996.

A LDB de 1996 traz uma série de mudanças referentes à organização escolar e à concepção de avaliação (institucional e da aprendizagem). Ver especialmente os artigos 9 (incisos V, VI, VIII, IX), 10 (inciso IV), 23, 24 (com destaque para o inciso V).

Cultura escolar

FRAGO, A. V. Historia de la educación e historia cultural. *Revista Brasileira de Educação*, São Paulo, n.0, p.63-82, set./dez.1995.; e JULIA, D. A cultura escolar como objeto histórico. *Revista Brasileira de História da Educação*, Campinas, n.1, p.9-44, 2001.

A avaliação integra um dos aspectos da chamada cultura escolar, conceito explicitado por Frago e Julia nos textos indicados. Os autores ajudam a entender que as práticas escolares arraigadas nos dias de hoje, inclusive aquelas referentes à avaliação, foram fruto de um longo processo de construção, sendo os séculos XVII, XVIII e XIX muito importantes na configuração da cultura das escolas dos níveis Fundamental e Médio, cujas marcas são notadas até hoje.

Sobre a história da escola e do exame

FOUCAULT, M. Os recursos para o bom adestramento – o exame. In: _____. *Vigiar e punir: história da violência nas prisões*. 21ª ed. Petrópolis: Vozes, 1987, p.154-161.; GALLEGO, R.C. *Uso(s) do tempo: a organização das atividades de alunos e professores nas escolas primárias paulistas (1890-1929)*. Dissertação. São Paulo: Faculdade de Educação da USP, 2002; e SOUZA, R. F. *Templos*

AVALIAÇÃO

de civilização: a implantação dos grupos escolares no estado de São Paulo (1890-1910). São Paulo: Fundação Editora da UNESP, 1998.

Os trabalhos indicados permitem perceber a construção do exame no interior da instituição escolar. Foucault, particularmente, mostra muito bem que o exame cumpriu um papel singular no adestramento dos corpos nos colégios no século XVII, porque classifica, demarca os lugares dos sujeitos, disciplina e, portanto, consiste em um instrumento de poder e de controle dos corpos. Já os estudos de Gallego e Souza, por versarem sobre a história da escola e de aspectos de sua cultura, no fim do século XIX e início do século XX, trazem elementos que permitem compreender os modos pelos quais os exames assumiram um papel central na organização escolar tornando-se pivô das atividades de ensino e de aprendizagem.

Obras literárias e memorialísticas

CANETTI, E. *A língua absolvida: história de uma juventude.* São Paulo: Companhia das Letras, 1987.; LICE, D. *O calvário de uma professora.* São Paulo: Estabelecimento Gráfico Irmãos Ferraz, 1928.; e PONTALIS, J. B. *O amor dos começos.* Rio de Janeiro: Globo, 1988.

As obras de Canetti e de Pontalis, de natureza memorialística, trazem nas memórias dos seus autores as relações estabelecidas com a escola, o que permite pensar a formação dos sujeitos de uma maneira mais abrangente. De modo particular, o romance escrito por Dora Lice (pseudônimo) relata a vida de uma professora primária paulista e traz registros e informações muitos relevantes sobre as condições das escolas nas duas primeiras décadas do século XX e, ainda que seja uma obra literária, fornece elementos para compreender a história da escola, dos professores e também das práticas de avaliação naquele período.

Questões para reflexão e debate

Capítulo 1

Afirma-se que "embora em todos os níveis de ensino o ato de avaliar assuma contornos de classificação, hierarquização e controle [...] quando se trata da avaliação da aprendizagem realizada formalmente, esta tem características peculiares em cada nível de ensino. Ao longo da escolarização há um aumento gradativo da exigência e da complexidade dos instrumentos de avaliação". Quais foram as experiências mais significativa relacionadas à avaliação em sua trajetória escolar?

Desde a organização da "escola para todos" ou da escola obrigatória, no final do século XIX e início do século XX, as práticas de avaliação foram constituindo o que se chamou de uma "cultura das provas e dos exames". Como essa cultura tem se manifestado entre nós ao longo do tempo?

O artigo da Lei de Diretrizes e Bases (LDB)/1996 sobre a concepção de avaliação indica que ela deve ser "contínua e cumulativa do desempenho do aluno, com prevalência dos aspectos qualitativos e dos resultados ao longo do período sobre os de eventuais provas finais" (artigo 24), configurando uma *avaliação formativa*. Discuta o significado e as implicações dessa forma de entender a avaliação para o trabalho dos professores.

Capítulo 2

Destaca-se ao longo desse capítulo que a avaliação pode constituir um dos instrumentos de controle da oferta e do aproveitamento das oportunidades educacionais e sociais mais eficazes no interior do sistema de educação. Sob uma aparente neutralidade e equidade, são oferecidas sucessivas oportunidades sociais e, assim, educacionais a alguns, enquanto a outros tais oportunidades são negadas por

AVALIAÇÃO

meio de um processo pautado em critérios que transcendem os fins explicitados da avaliação (diagnosticar o nível de desenvolvimento dos alunos, identificar o modo pelo qual estão se apropriando do conhecimento das diferentes disciplinas, entre outros). Comente essas afirmações, considerando as discussões apresentadas no capítulo.

Para Perrenoud (1993) há um conjunto de comportamentos que os alunos desenvolvem na vida escolar para serem bem-sucedidos. No que diz respeito à avaliação, trata-se de "iludir, disfarçar pontos fracos e valorizar pontos fortes" (p.180). Segundo esse autor, os alunos desmontam armadilhas elaboradas pelos professores, decodificam as suas opiniões, negociam ajuda, usam de astúcia, fingem terem compreendido a matéria, estudam em função do tipo de pergunta esperado e das provas esperadas. Como podemos considerar tais comportamentos ante as práticas de avaliação formativa?

Nesse capítulo, retomam-se pesquisas realizadas com alunos, as quais identificam suas representações acerca da avaliação mediante depoimentos e a elaboração de desenhos. Que imagens você usaria para identificar suas experiências de avaliação?

Capítulo 3

O capítulo apresenta uma retomada das iniciativas de organização das avaliações de âmbito nacional. As consequências dessas iniciativas são intensamente discutidas. Comente as formas de avaliações externas, suas intenções e seus usos a partir da década de 1990.

Mesmo com as alterações propostas na organização escolar, introdução de progressão continuada e ciclos, persistem formas de responsabilizar os alunos pelo próprio fracasso, num raciocínio ainda meritocrático. Discuta essa afirmação levando em conta as propostas contidas na ideia de ciclos e progressão continuada.

Capítulo 4

Com base na leitura desse capítulo, indique e comente formas de melhorar as práticas de avaliações externas e do cotidiano escolar.

Ao analisar a questão da avaliação no interior da escola, nota-se que "discutir mudanças nas práticas de avaliação implica discutir, ainda, a cultura da organização escolar e colocar em questão os modos individualistas e o trabalho isolado que têm marcado historicamente a profissão docente em todos os níveis de ensino. Comente as relações entre mudanças nas praticas de avaliação e nas culturas da organização escolar a partir das considerações feitas ao longo do capítulo.

SOBRE O LIVRO

Formato: 12 x 21 cm
Mancha: 21,3 x 39 paicas
Tipologia: Fairfield LH Light 10,7/13,9
Papel: Offset 75 g/m² (miolo)
Cartão Supremo 250 g/m² (capa)

1ª edição: 2009

EQUIPE DE REALIZAÇÃO

Edição de Texto
Sueli Oliveira de Vasconcelos (Preparação de texto)
Geisa Mathias de Oliveira (Revisão)

Editoração Eletrônica
Eduardo Seiji Seki (Diagramação)

Impresso na Mundial Gráfica